ロシア連邦議会

―― 制度化の検証：1994－2001 ――

皆 川 修 吾

溪水社

まえがき

　ロシア政治というと、専制主義、全体主義、権威主義的であったロシア帝政時代そしてソビエト時代を思い起こし、体制変化に関わりなく連綿とロシアの地に生き続けてきた政治文化を当然のごとく想定する。そしてペレストロイカ以降の政権の政治指向が体制の民主化であり、それまでの政治文化を背景とした政治行動が体制の掲げる政治指向と整合性があるかどうかに疑問をもつのも、これまた当然のごとく受けとめられている。

　絶対王政と中央集権制で染めつくされているロシア政治史のなかで議会制を想像することは不可能に近いように思われるが、議会の創設は意外に古い。867年にロシア内の数多くの公国に民衆議会（ベーチェ）が存在していたことが記録されている。これら土着の民衆議会は他民族によるロシア支配や専制君主により継続的な発展をみるに至らなかった。議会制の長い不在期間を経た後、1549年ゼームスキ・ソボール（全国会議）がイヴァン雷帝によって招集された。1613年、新皇帝ロマノフを選出するに至り、それまでの波乱に富んだ帝政ロシアを支えたのは皇帝ではなく、ゼームスキ・ソボールであった。ロマノフ皇帝の権力が固まった17世紀の中頃までソボールは定期的に招集され、本質的な議会制の萌芽期をみたといってもよいであろう。残念ながら、1700年ピョートル一世（大帝）によって、ソボールが近代工業化に強く抵抗したため解散させられ、消滅した。ソボールはその代議員の選出と運営にもともと制約があり、民主的議会制と矛盾し、当時の西側諸国のような議会制には育たなかった。

　その後、ロシアにおける近代議会制に近い制度が誕生したのは、1905年のことである。結果としては、国家会議（ドゥーマ）は革命につながる暴動を助長させる道具となってしまったが、立法過程の制度化がみられなかったのではなく、知識階級という枠内ではあったが、とくに世論形成や法治国家への学習の場として幾ばくかの貢献をしたと思われる。ただ、宮廷と官界が腐

敗していくなかで超反動的な抑圧支配を行っていた専制体制が水面下で力強く動き出した社会変動のエネルギーを押し出す有効的な安全弁（議会制もその一つ）を最後まで設けることができず、それが極左の運動体を生み出してしまったといえるであろう。

　本研究では法治国家としての議会制の制度化を検証するのであるが、ロシアの政治文化を決して単線的なものと捉えず、以上のような政治歴史的背景も視野に入れて、市民社会の複合的な育成と、そのなかでの議会制の発展を検証することにする。

　本研究は平成7年度から3カ年計画で始まった文部省重点領域研究「スラブ・ユーラシアの変動」（領域代表者・皆川修吾）のなかの政治研究プロジェクト「政治改革の理念とその制度化過程」として始まったものである。本政治研究プロジェクトに参加した研究分担者と研究協力者は、19点の研究成果を資料集および中間的な研究ノートとして公刊した。また、そのなかの10編を再編集し、皆川修吾編著『移行期のロシア政治』（渓水社、平成11年2月）として出版している。本研究はその単著に載っている中間的な研究成果（第10章：移行期のロシア議会）を、その後の下院選挙結果や事例研究を大幅に加え、理論的に発展させたものである。ただし、2001年6月政党法成立後、諸政党の再編がみられ、政党政治の新たな時代をむかえることと、2002年1月から上院が改組により新たな議員構成になったため、本著がカバーした研究期間を1994年1月から2001年12月とした。

　本文のロシア語の部分は翻字されており、翻字の方式は、基本的に米国議会図書館（LC）のやり方に拠っている。また、地名や人名などについては、表記は必ずしも発音通りでなく、慣例にしたがった場合がある。本書で引用・参照した文献は、頁末に脚注として掲げた。

　本研究を完成させるにあたり、北海道大学スラブ研究センターの専任研究員や他の多くの研究者から忌憚のないご批判と数限りない示唆をうけたことに深く感謝しているが、本書の欠陥について責任を負うのは著者のみである。また、議会常任委員会議事録の閲覧は外部研究者にとってほとんど不可能に近かったが、モスクワにある連邦議会図書館で議事録などの閲覧のため、特

まえがき

　別の便宜を図ってくれたロシア科学アカデミー世界経済・国際関係研究所所長ノダリ・シモニア教授（IMEMO Director, Prof. Nodari Simonia）に謝意を表したい。最後に、前回に引き続き、本書の出版を引き受け、出版にこぎつけるまで親身になってご協力いただいた渓水社社長の木村逸司氏に格別の感謝の意を表したい。

　なお、本書は平成14年度愛知淑徳大学出版助成金の交付を受け、出版が可能になった。関係各位に記して謝意を表したい。

　平成14年４月

皆　川　修　吾

目　次

まえがき …………………………………………………………………… 1
　　図表一覧表 ……………………………………………………………… 9

序　論 ……………………………………………………………………… 15
　1．はじめに　15
　2．制度化過程のパラダイム　16
　3．ペレストロイカ期からプーチン政権までの政治改革の推移と
　　　社会経済環境　19
　4．プーチン政権下の権力機構　24
　5．機能研究　28
　　（1）機能分析の視点　28
　　（2）憲法下のロシア連邦議会：制度上の機能　31

第Ⅰ部　維持・統合機能（System Maintenance Function）

第1章　組織機構整備 ……………………………………………………… 39
　　（1）選挙法と議会運営規則　39
　　（2）上下両院合同会議　42
　　（3）会期　43
　　（4）定足数　43
　　（5）議決必要数　44
　　（6）連邦議会サービス機関　44
　　（7）議会経費　45
第2章　議員構成と院内勢力図 …………………………………………… 47
　1．上院議員　47
　2．下院議員　49
　　（1）第1期：1994年1月－1995年12月　50
　　（2）第2期：1996年1月－1999年12月　52

（3）　第3期：2000年1月－2003年12月　*54*

　3．上院幹部　*66*

　　　（1）　第1期上院議長・副議長　*67*

　　　（2）　第2期上院議長・副議長　*69*

　　　（3）　上院評議会　*76*

　　　（4）　上院委員会構成　*80*

　4．下院幹部　*86*

　　　（1）　第1期下院議長・副議長　*86*

　　　（2）　第2期下院議長・副議長　*88*

　　　（3）　第3期下院議長・副議長　*92*

　　　（4）　下院常任委員会構成　*107*

第3章　活動環境整備 …………………………………………………… *119*

　1．社会的合意協定　*119*

　2．連邦議会における全権代表　*123*

　3．リーダー間直接会談　*125*

第Ⅱ部　応答性機能（Response Maintenance Function）

第4章　立法活動 ………………………………………………………… *129*

　1．予算法案　*131*

　2．下院選挙法　*137*

　3．国際条約法案　*142*

　　　（1）　戦利文化財返還拒否法案　*143*

　　　（2）　START2批准法案　*144*

　4．国家の象徴法案　*147*

　5．土地法典　*149*

第5章　監督活動 ………………………………………………………… *157*

　1．政府不信任案　*157*

　2．大統領弾効案　*160*

　3．閣僚人事　*165*

　4．議会専管の人事事項　*170*

結　語 …………………………………………………… *175*
　　1．リーダーシップ　*175*
　　2．下院での政党政治の意味付け　*179*
　　3．政治文化　*184*

あとがき ………………………………………………… *187*
　索　引 …………………………………………………… *189*

図表一覧表

図1　　制度化過程　*16*
図2　　上院地域区分　*72*

表1　　ロシアの7行政管区　*26*
表2　　院内会派またはグループ：第1期（1994年1月20日現在）　*50*
表3　　院内会派またはグループ：第2期（1996年1月16日現在）　*53*
表4　　院内会派またはグループ：第3期（2000年4月2日現在）　*54*
表5　　年齢別会派構成：第1期　*56*
表6　　年齢別会派構成：第2期　*56*
表7　　年齢別会派構成：第3期　*57*
表8　　学歴別会派構成：第1期　*58*
表9　　学歴別会派構成：第2期　*58*
表10　学歴別会派構成：第3期　*59*
表11　学歴専門分野別会派構成：第1期　*59*
表12　学歴専門分野別会派構成：第2期　*60*
表13　学歴専門分野別会派構成：第3期　*61*
表14　議員選出時職業別構成：第1期　*62*
表15　議員選出時職業別構成：第2期　*63*
表16　議員選出時職業別構成：第3期　*64*
表17　上院・委員会幹部地域別配分　*77*
表18　幹部職委員会内地域別配分　*79*
表19　年齢別構成：第1期（1994年1月現在）　*80*
表20　年齢別構成：第2期（1996年1月現在）　*81*
表21　学歴別構成：第1期　*82*
表22　学歴別構成：第2期　*82*
表23　学歴専門分野別構成：第1期　*83*
表24　学歴専門分野別構成：第2期　*84*
表25　議員選出時職業別構成：第1期　*85*
表26-1　下院・同委員会幹部の会派別配分　*94*
表26-2　下院・同委員会幹部の会派別配分　*96*
表26-3　下院・同委員会幹部の会派別配分　*98*
表26-4　下院・同委員会幹部の会派別配分　*100*
表26-5　下院・同委員会幹部の会派別配分　*102*

表26-6	下院・同委員会幹部の会派別配分（第3期） *104*
表26-7	第3期：各会派の委員会別勢力（関心度） *105*
表27	下院年齢別構成：第1期（1993年12月−1995年12月） *110*
表28	下院年齢別構成：第2期（1996年1月−1999年12月） *110*
表29	下院年齢別構成：第3期（2000年1月−2003年12月） *111*
表30	学歴別構成：第1期 *111*
表31	学歴別構成：第2期 *112*
表32	学歴別構成：第3期 *112*
表33	学歴専門分野別構成：第1期 *112*
表34	学歴専門分野別構成：第2期 *113*
表35	学歴専門分野別構成：第3期 *114*
表36	議員選出時職業別構成：第1期 *115*
表37	議員選出時職業別構成：第2期 *116*
表38	議員選出時職業別構成：第3期 *117*
表39	1995年度予算案：会派別表決行動 *135*
表40	上院での表決：1995年度予算案（1995年3月22日） *136*
表41-1	第1表決（11時10分35秒）：上院で2度否決された原案 *139*
表41-2	第2表決（11時12分59秒）：調停委員会が提示した修正案 *139*
表41-3	第3表決（11時15分4秒）：原案の再採決 *139*
表41-4	第4表決（11時46分23秒）：原案の最終採決 *140*
表42	1995年5月11日の表決：4議決 *140*
表43	上院表決：下院修正案（1995年6月14日） *141*
表44	上院表決：戦利文化財返還拒否法案（1997年3月5日） *143*
表45	下院表決：START2（第2次戦略兵器削減条約）批准法案 （2000年4月10日） *145*
表46-1	下院表決1：国歌 *147*
表46-2	下院表決2：国旗 *148*
表46-3	下院表決3：紋章 *148*
表46-4	下院表決4：軍旗 *149*
表47	下院表決：土地法典案（第1読会 2001年6月15日） *152*
表48	下院表決：土地法典案（第2読会 2001年7月14日） *153*
表49	下院表決：土地法典案（第3読会 2001年9月20日） *154*
表50	上院表決：土地法典案（2001年10月10日） *155*
表51	下院表決：政府不信任決議案（2001年3月14日） *159*
表52-1	決議案：旧ソ連邦解体 *161*
表52-2	決議案：最高会議武力制圧 *162*

表52-3　決議案：チェチェン紛争　*163*
表52-4　決議案：軍の崩壊　*163*
表52-5　決議案：ロシア国民の虐殺　*164*
表53　　下院表決：ロシア大統領経験者の身分保障法案（2001年1月25日）　*165*
表54　　下院表決：首相指名承認案（2000年5月17日）　*174*

ロシア連邦議会
——制度化の検証：1994－2001——

序　論

1．はじめに

　体制の民主化移行の試金石として、多くの研究者が議会をその研究対象としている。ここでは、移行期の議会活動を分析して民主化の進展度および可能性を検証するというよりも、新憲法制定（1993年12月）後、絶えず変容している政治環境下にあって、新議会は実際にはどのような「場」を与えられているか、つまりどのような組織構造のもとで、どのようなシステム機能を果たしているかを検証しようとしている。高邁な民主化理想論をひとまずおいて、民主制をベースとして起草された現憲法下でとりあえず新議会の構造機能上の制度的発展度、すなわち現実の姿をみるのを当面の課題としている。しかし、見方によっては、本研究は民主化へのインフラ整備（またはその逆）の達成度分析と受けとれるかもしれない。制度化の分析枠組みとして図１で示されたパラダイムをここでは採用した。これは、著者がこれまで行ってきた体制全体の制度化の実証研究の結果としてでき上がったものであるが、議会は体制の重要なサブ・システムであり、それを理解すればこのパラダイムを応用することができるであろう。議会研究を長期的研究テーマ「政治システムの制度化過程の研究」の一環[1]と位置付け、そうすることによって、議会の政治的機能を相対的に、かつ体系的にみることができるのである。

---

[1]「まえがき」で述べた『移行期のロシア政治』皆川修吾編著、渓水社、1999年、参照。

2．制度化過程のパラダイム

　制度化とは、ここでは規範的な関係や行動パターンが確立される過程のことを指す。つまり、あらたに導入された政治機構が一定の価値体系を作り上げることであり、その機構が果たすもろもろの政治機能などが自他共に認められ、機構全体が安定したシステムとして定着したときに制度化がひとまず完了したことになる。

　政治的機能が定着する過程を一般に制度化というが、制度化とは、裏返していえば、既存の機構、イデオロギー、また政治文化などの再調整および破壊を意味している。つまり、政治プロセスでのアクターは、一つは制度化のプロセス、もう一つが非制度化のプロセスという二つのプロセスに参加している。しかし、非弾圧的手段でこれら二つのプロセスを同時進行させ、短期間でこれらを完了させ、なおかつその間国家が国家として政治行政機能を果たした例は未だないことからも明らかなように、制度化とは極めて政治的に不安定なプロセスを意味している。根本的政治改革であればあるほど傍観者には興味深いが、その分だけ制度化の安定度が低くなるといってよい。

図1　制度化過程

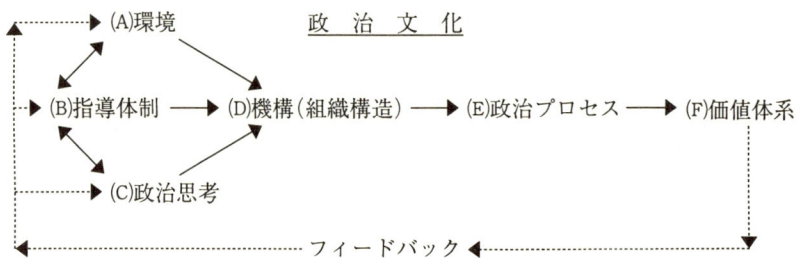

　制度化研究とは、既述したようにシステムが定着するまでの政治機構とその機能、そして機構自身の制度的発展へのプロセスについて研究することで

ある。そのプロセスの成り行きは、生態的、歴史的、文化的、経済的、社会的、技術的、そして国際的諸要因に依存する。さもなくば、そのプロセスは権威主義体制下のように実態のない、単に象徴的なものに変身してしまうであろう。制度化を促す変数は多々あると思われるが、ここであえて考察の対象となる制度化の変数をあげるとすれば、（A）環境［内外情勢］、（B）指導体制［リーダーシップ］、（C）政治思考、（D）機構［組織構造］、（E）政治プロセス、などであろう。これらの主要変数は相関関係にあり、個々別々に作用するのでなく、相互に作用しあいながら制度化に影響を及ぼしていく。価値体系（F）は政治プロセス（E）の所産である。そのプロセスを円滑にするためにはプロセスに参加するアクター間の行動規範（政治ゲームのルール）を必要とする。各アクターが新しい機構に抱いている期待、行動の意志と能力、それに情報量などがこの行動規範を通じて表現される。この政治プロセスの「場」は一概に固定したものと決めつけられないが、通常、機構（D）が最も多くその「場」を提供している。新たな機構を導入した場合、アクターの入れ替えはもとより行動規範をいち早く設定する必要に迫られる。（図1参照）

　政治プロセスで何らかの影響を与えているのが政治文化である。政治文化を制度化の独立変数と捉えるかまたは従属変数と捉えるかは、これを動態的なものとして捉えるか、または静態的なものとして捉えるかで異なる。また、制度化過程の進行度や上記の変数の度合いにより政治文化の位置付けが異なってくる。制度化過程での政治文化の果たす役割は、その内容により正・負いずれの機能も果たすといえるが、制度化の目指す方向を支援するために正の機能を果たすには、政治文化自身の刷新を必要としている。単純にいえば、旧ソビエト体制は当時の主流政治文化に支えられ存続したのであり、新体制は同様に新主流政治文化に支えられることを必要としている。つまり、体制と政治文化は相互補完関係にある。体制移行期は、それまでのサブ・カルチャーの一つが主流政治文化として認知されるプロセスを含むが、そのプロセスでは政治、経済、社会のあらゆる側面でコンフリクトを伴い、調整できる仕組みを必要とする。政治機構はその仕組みの重要な部分であり、した

がって、制度化過程の政治機構の果たす役割は一様ではない。議会の制度化過程の研究自体が民主化の発展段階を示す研究であるが、ロシアの民主化は同時に法治国家の育成と市民社会の形成をも含んでいる。つまり、社会の構成員一人一人の自主判断と自己責任を主軸とし、法治主義と情報開示のルールを厳守する体制を創造することを意味する。そこでの議会は法治国家のシンボル的存在でもあると同時に、法治国家への強力な媒体とならなければならない。

　制度化のプロセスは色々なパターンが考えられるが、図1のチャートを使ってそれらパターンを想定してみると、まずリーダーシップ（B）自身（指導体制の構造の変化を伴って）が環境（A）や政治思考（C）に変化を加え、新たな機構を導入することが考えられ、環境（A）の変化が指導体制（B）に動揺を与え、思考（C）を転換して新機構を導入することもある。また、この反対のプロセス（C）→（B）→（A）もあるであろう。しかし、現実はより複雑でこれら三つのパターンが混合したプロセスにみえるであろう。あるいは、（A）、（B）、（C）が総体的に独立した形で機構導入に影響を与えるプロセスもある。

　制度化過程のバロメーターは（C）と（F）の関係にみられる。（C）＜（F）の格差が大きいとフィードバックのスピードが早くなり、（C）＝（F）になれば制度化に近づいたことになる。ブレジネフ時代は、（C）＞（F）の格差が大きかったためフィードバックは少なく機構の大半が虚構であり、独特の権威主義体制となっていた。一方（F）への期待が過多の場合、そしてゴルバチョフ期のように政治プロセスが未発達の（とくに行動規範が確立されていない）場合は、フィードバック経路に支障をきたし、有機的なシステムの発展が望めなくなる。

3. ペレストロイカ期からプーチン政権までの政治改革の推移と社会経済環境[2]

　図1のチャート、とくにその（A）、（B）、（C）を使って移行期初期のプロセスを説明すれば、1985年3月に誕生したゴルバチョフ指導体制は、旧ソ連邦内の社会経済構造が硬直化し将来の発展が望めなくなっていると認識し、かなりの危機感をもってソビエト体制の民主化への再建（ペレストロイカ）を試みたことになる。勿論、ゴルバチョフはできれば共産党を議会主義的社民党的存在に変え、改革の中心勢力にしようと試みたと思われるが、その理想を現実のものにできなかった。動員アプローチ的動機から試みた政治改革はおのずから限界があり、市民社会形成の根本的な改革への必要性を迫られ、拡大中央委員会総会（1990年2月）でその具体案が作成された。その時の基本路線は、党組織の民主化、とくに一党独裁の放棄と政治局の改組、それに党書記長職廃止など、旧ソ連邦最高会議およびその下部機構を政治システムの軸としてとらえ、党からソビエトへ権限を漸次委譲していくことであった。ゴルバチョフ党書記長自身が最高会議議長職を兼務していたが、民族問題の解決や経済改革の実行には最高会議議長の権限では十分でないと判断し、中央からのより強力な指導力を発揮できる大統領制を90年3月に導入した。その後ゴルバチョフが行った機構改革は、共和国代表で構成する連邦評議会の執行機関化、副大統領職や安全保障評議会の創設、そして後者や閣僚会議が大統領直属となったことなど、大統領制の強化がその柱となった。これら機構改革の背景には政治社会の分極化があった。まず構成共和国の主権主張に機構改革で応えること、つぎに旧ソ連邦国内の社会経済情勢が混乱している折、危機管理体制を敷く必要性に迫られていたこと、党内でも分極化が予想以上に早く進み、もはや政治局を通じて重要政策の立案、実施などを統括することができなくなっていたこと、党の強力な支持母体であった保守グルー

---

[2] 著者が1990年から2000年の間著した論文の幾つかをこの課題に沿って要約したもの。

プ (官僚体や国営企業グループなど) が弱体化した党組織から離脱していったことなどがあげられる。結果的にはこれら機構改革は一党独裁体制崩壊の速度を加速させることになったが、一度共産党の「たが」がはずれると、体制の安定度は極度に低下した。

　ゴルバチョフの民主化路線は民族運動や共和国の主権獲得要求を助長し、ゴルバチョフの統治能力の低下につながった。ゴルバチョフ指導部がソビエト機構に期待し過ぎたことに気付いたとき、すでに民族問題が予想以上にこじれ、そして地方の経済エゴによる経済ブロック化現象が表面化していた。この予期していなかった社会経済情勢に対処するため、指導部は強力な大統領府を設けたが、全国的な行政執行のプロセスを確立することができず、改革指向の確固とした統治機構はこの期間に生まれなかった。予想以上の国内環境の変化や政治プロセスでの行動規範の不在がゴルバチョフをして左右両派の動きに敏感にならしめ、政策は必然的に対症療法的、部分的改革路線になった。

　第19回党協議会 (1988年) 以降のゴルバチョフ期の政治機構改革の目玉であった「全権力のソビエトへの移行」が行政機関の役割を相対的に低下させたが、議会の立法機能にも顕著な成長がみられなかった。年2度だけのしかも短い会期で民主制のシンボル的機能しか果たしていないといわれていた人民代議員大会であったが、大会での議員 (2,250名) の行動は保守対革新だけでなく、中央対地方、地方対地方の対立に発展し、旧ソ連社会のマイクロコズムそのものであった。政党政治のフレームが未整備であったため、やがて議員が特定の地域なり利益集団を代表しているという意識が薄くなり、自分自身の権益保護・拡充を意識して各自が権力闘争に走る事態になった。また、共産党に代わる全国規模の政党の誕生をみなかったことは、連邦制崩壊をくい止める支えが不在であったことを意味していた。

　旧ソ連邦崩壊後、エリツィン政権は国家機能を充実させるための大統領府と垂直的な行政命令系統 (地方における大統領全権代表と行政長官を大統領自らが任命) を強化し、急進的な経済改革路線を全国的に貫こうとした。しかし、同時にロシア連邦は、旧ソ連邦崩壊後に各地の国営企業が原材料供給者や顧客

などと水平的協力体制を築くことを意図していたため、産業を管轄する省庁を備えた強力な指令型政府を再構築しなかった。結果として、中央行政不在のため大半の国営企業が地方自治体によって管理され、地方の指導者らは地元の都合のために国営企業を利用するようになった。この背景にはロシア連邦政府がガイダル政権の経済政策失敗で税収不足のため地方自治体への助成金の支払いが遅延し、さらにインフレが急激に進み自治体のほとんどが財政危機に陥ったことがある。

　旧ソ連邦分裂後のロシア人民代議員大会でも議員の立法面の専門知識や行政経験の欠如が目立ち、政治団体の組織力が弱く分裂に次ぐ分裂を繰り返し、ソ連共産党の解散以降しばらく全国規模の政党が育たなかった。政治諸勢力は確固とした争点を軸に議会内で与党対野党という構図で政党活動を展開せず、時には議会全体が野党的役割を果たし、極めて流動的に展開された。これは一口に議会主義の未熟さの典型的な現象といえるが、全国規模の政党が当時のロシアに誕生しなかった理由として、まずエリツィン大統領が政権党を形成しなかったこと、政権側が議会を制度的に解散できないでいたこと、そして地方と中央間の政治姿勢および争点にかなりのギャップがみられたことなどがある。1992年時のロシア連邦最高議決機関としての人民代議員大会（定数1,068）と常設の立法機関としての最高会議（定数252）の二重構造の議会制は旧体制から民主制への移行期の議会として導入されたものであった。この複雑な構造をもつ議会が独自の権限を行使できたのは、なかでも連邦最高会議がロシア中央銀行、対外経済銀行、貿易銀行、国家統計委員会、年金基金を法制上管轄していたからである。したがって、連邦政府が一貫した財政・金融通貨政策を遂行できないでいた。さらに、議員は複数政党制実施以前の90年3月の選挙で選出されていたため、変化の激しかったそれ以降の世論を議員構成に反映できないでいた。議会内で不毛の権力闘争が顕在化し、ついに議会が最高会議議長（ハズブラートフ）を中心にして反エリツィン派の居城と化し、大統領の武力制圧（1993年10月）でそれに終止符が打たれた。

　エリツィン大統領は、91年12月の旧ソ連邦解体直後、好ましい政治環境の時にすべきことをしなかった政治改革（議会の改組、総選挙、新憲法制定など）

を、93年10月の政治騒乱直後、政治空白状態を好機到来と捉え、大統領権限を行使し一気に押し進めた。それは国民の信任プロセスを経て導入された執行部優位の政治体制であり、民主主義手続きを無視した権威主義体制の再導入ではなかった。しかし、議会と大統領間で起きた政治騒乱で得た教訓は、行政執行権を部分的でさえもつような議会の設置は論外であり、国民の信任を受けた議員は立法や行政監督活動に専念し、行政権は政府に、そして究極の権力の所在は、同じく国民の信任を受けた大統領にあるとした体制の導入であった。

　エリツィン大統領は、法治国家としての数多くの連邦法をできるだけ早く制定する必要があったため、改革派諸政党が大勢を占める一種の翼賛議会を確立し、市場経済化への安定した統治体制を築こうとした。ところが、性急な市場経済化政策でつまづき、新生ロシアの基盤固めに不可欠な経済再建ができなかったこと、それに大国としての威信喪失のため、93年12月の総選挙では民族主義保守勢力を大きく台頭させた。その後も高いインフレ率と失業率を産み、貧富の格差がよりひどくなったにもかかわらず、政府は年金受給者や貧困層に対する社会保障政策の遂行を財政難という理由で怠ったため、組織力のあるロシア連邦共産党が議会の暫定期間（新憲法の下では当初2年間）が過ぎた95年12月予定通り行われた下院選挙で貧困層の票を満遍なく取り込み、下院で第1党（全議席の33%）となり大勝した。

　その後のエリツィン政権下では、ロシア国民の貧富差の拡大、都市部と地方の経済格差、賃金未払い、企業間債務という背景のなかで、新興財閥間の利権争いが民意を無視した政争に発展し、しかも富の偏在が顕著になっていった。新興財閥らは鉱物資源の輸出割当や輸出ライセンスの獲得、民営化小切手の売買と民営化された企業への投資、国庫の歳出入窓口になって口座勘定（徴税、関税、各種補助金など）を設け保留資金を一時的に運用（国家財源不足を補うために発行する短期国債取得など）して利ざやを稼ぐなどして財を蓄え、余剰資金を積極的に投機的な産業投資に充てていた。96年6月エリツィン大統領が再選された背景には、新興財閥らが供出した政治資金をもとにマスコミを通じ独裁的な共産党政権再現の脅威を煽り、大規模な選挙キャンペー

を展開したことなどがあった。また、地方政治指導者との関係であるが、エリツィン大統領の垂直的な行政（任命された行政長官）・監督（大統領代理人）命令系統の導入により地方の指導者と人脈関係らしきものが成立していたが、96年以降は憲法に準拠し地方行政長官全員が住民による直接選挙で選出されたため、行政長官は絶えず選挙民を視野に入れた政権維持・拡充の政治行動を前面に出すようになった。エリツィン大統領は自己の政治生命の延命を図るため、連邦権限を構成主体に譲歩する非画一の内容の条約を（大統領選まで46の構成主体と）個別に結んだことで、かえって地方における大統領の政治基盤が弱くなり、連邦制の一体性が失われていた。エリツィン大統領が6年間続いたチェルノムイルジン内閣を98年4月に更迭してからの大統領の政治基盤はますます脆弱になり、「ファミリー」と呼ばれた利権をあさる特定の財界グループに依存し、政権末期症状の呈となった。

　ガイダル政権の価格の自由化政策（1992年）でルーブル紙幣が紙屑と化し、98年8月の金融危機で自国の通貨に失望した大多数の国民は、将来に希望を託す夢などもてなかった。98年4月から99年12月までの短期間で4人の首相を更迭させたことは、政府不信任案を回避するためと国民の信頼回復を望んだエリツィンの「あがき」でもあった。

　これまでの、少なくともエリツィン政権末期までの、政治改革の展開は、経済改革の推移および社会経済環境の変化と密接に関係しているのがわかる。貧富差の拡大、法律や金融システムの未整備の下で財閥勢力による利権の奪い合い、官僚の腐敗など、いわば「略奪資本主義国家」の社会経済情勢が素直に議会選挙結果に現れる民主的なプロセスができたことは評価できる。しかし、国民の信任を受けていない政府と強力な執行権を有する大統領がそのような状態（民主制のパラドックス現象）では指導力を発揮できなかったのは当然である。教訓として次のことがいえるであろう。

1．移行期の指導体制の構造と政治基盤の内容、リーダーシップの理念の重要性はいうまでもない。
2．選挙戦のための政権与党であったかのごとく政権与党の存在感が希薄であり、政策集団としての政権与党の連続性がみえない。

3．民主化と市場化が一応改革の大前提になっているが、そのプロセスで社会不安が増長し、多民族国家が分裂しては元も子もない。移行期社会の安定には、程度の差こそあれ国家主導で所得分配を配慮する政策を採り、経済の平等化と生活の質の均等化を達成し社会階層間の対立を回避し、中間層を厚くする必要があると思われる。これは開発途上国でもみられる現象であるが、ロシアにもいえることであろう。つまり、国民の生活を経済的にまず安定させる能力がない限り、すべての改革が足踏みしてしまうということである。

4．政治改革の一環として市民社会を形成することであるが、市民社会が現実のものとなるには、まず個々の構成員が帰属先の社会とのアイデンティティが強固であり、社会の構成員間で相互の信頼があることを条件としている。平時において最低限の衣食住が保障されていること、つまり国家経済の不安定さが相互不信を助長し社会不安を引き起こす最たる要因となっている。

5．多民族国家であり、連邦制を採っている大国ロシアは、当初から国際社会の一員として、また核保有国として責任ある行動をとることを要請されている一方、債権者であるIMFなどから自国の経済政策に足枷をはめられている。数々のこのような条件下で多方面の改革を同時進行させなければならず、為政者はこの移行期の厳しさを認識し内外政策のバランスに配慮しなければならない。

6．最後に、市場経済化と政治の民主化の画一的な処方箋は存在しないことである。

4．プーチン政権下の権力機構

プーチン政権は優先課題として、国家の権威の復活、貧困の克服、秩序ある市場経済化、国益にしたがう対外政策などを掲げているが、これら優先課題を掲げた背景にはペレストロイカ以降続けてきた改革政策への教訓があった。それは諸外国の経験（先進諸国のシステム）の機械的な導入は成功につな

がらないということ、そして市場経済・民主主義の諸原則をロシアの現実と有機的に結合させることであり、つまり国家による介入なしの無原則の改革はありえないということであった。

　このような理解を背景に国民の信任を受けたプーチン新大統領は、政策遂行には統治機構の再編が欠かせないという考えから、連邦議会連邦会議（上院）・連邦制度改革を提案し精力的に推進した。連邦国家存続の危機（エリツィン前大統領が遺した負の遺産）感をもつプーチン新大統領は大統領就任式後間もない2000年5月13日、共和国・州など89ある地方構成主体を7つの連邦管区に分け、それぞれに大統領の全権代表を置く大統領令に署名した[3]。そして、同月17日、大統領は肥大化した連邦構成主体の権限を弱め、連邦維持を目指すため地方代表らで構成する上院の抜本改組（構成主体の行政長官と議会議長が自動的に上院議員を兼任する現行制度の廃止）と、連邦大統領令や連邦法に違反した首長の解任権や地方議会解散権付与、それに地方の市町村長の罷免権を内容とする3つの法案を下院に提出した。そこには明らかに改革推進という旗印のもとに地方の国政への影響力を減少させる大統領の意図がみえたが、これも致し方ないとする国民の理解を全国的にとりつけ、これら3法案は、若干の上院の抵抗があったが、連邦議会で2000年度内にすべて可決した。

　1999年12月に行われた下院選挙では、後述するように、ロシア連邦共産党が第1党（全議席の19％）の座を守ったものの、新政権与党（プーチンとエリツィン陣営が組織した）「統一」が躍進し第2党（18％）になり、共産党が単独で政局を左右できなくなった。共産党に一番近い会派「農工代議員グループ」を合わせても下院での勢力は30％弱であり、この2会派だけで過半数の票を得るのは困難な状況にある（表4参照）。また、共産党穏健派であるセレズニョフ下院現議長を中心に全国規模の社会政治運動「ロシア」が創設され[4]、共産党は一枚岩ではなくなった。

---

[3] 2000年5月13日付ロシア連邦大統領令第849号。これにより連邦構成主体それぞれに配置してきた大統領全権代表制（大統領令第696号）が廃止された。*Rossiiskaia gazeta*, 16/5/2000

[4]『北海道新聞』、2000/7/16；『ロシア月報』、第691号、平成13年1月号、p.42

政権の議会対策が、今のところ順調に滑り出しており、その背景には議会内での勢力図が政権与党「統一」を中心に他の中道勢力が連合し、体制寄りの安定した多数派勢力が形成されたことと、共産党の退潮傾向が一層明確になってきたことがある。この現象は後述する表決例（START2法案、カシヤノフ首相指名承認案、スクラトフ検事総長解任案、土地法案、政党法案）に如実に現れている。新政党法が体制の思惑通り機能すれば、弱小政党はますます窮地に立たされ、お互いに連合するか、大政党に併合されるか、または解党することになるであろう。

　国民の期待に応えてプーチン新大統領は矢継ぎ早に新政策や機構改革案を打ち出し、現状では成功しているようにみえる。行政管区創設は国家機関の活動の効率化を図り地方に対する中央の統制強化を目指しているが、全権代表に下記のような人事が行われた。

表1　ロシアの7行政管区

連邦管区名	中心都市名	全権代表名
中央	モスクワ	ゲオルギー・ポルタフチェンコ元大統領全権代表（レニングラード）；中将（税務警察）
北西	サンクトペテルブルグ	ヴィクトル・チェルケソフ連邦保安局第1副長官；中将
沿ボルガ	ニジニノブゴロド	セルゲイ・キリエンコ元首相
南（北カフカス）	ロストフ・ナ・ドヌー	ヴィクトル・カザンチェフ元連邦軍北カフカス軍管区司令官；陸軍大将
ウラル	エカテリンブルグ	ピョートル・ラティシェフ第1副内相；中将
シベリア	ノボシビルスク	レオニード・ドラチェフスキー元独立国家共同体担当相
極東	ハバロフスク	コンスタンチン・プリコフスキー元チェチェン軍司令官；中将

　上表の7つの管区は軍管区とほぼ同一であり、連邦維持を治安・安全保障

の側面から捉えていることがこの人事からも察することができる[5]。これら7つの全権代表は安全保障評議会の非常任メンバーとなっている[6]。国家安全保障政策の大統領の最重要意思決定機関とみなされている安全保障評議会[7]に名を連ねるということは、全権代表のステイタス・シンボルであり、また政策過程に関与することにより、大統領との政策上の誤解を防ぐ公式なチャンネルができたといえる。全権代表との意思疎通を図るため、大統領は全権代表全員および個別に会談する機会をもっている。大統領と全権代表との密度の高いコミュニケーションは、以上のメリットがあると同時に、全権代表の執行責任評価がそのまま大統領の評価につながり、大統領への国民の支持率が全権代表の職務執行に影響を与えることを意味する[8]。

中央対地方の勢力関係のバランスを保つため、より具体的にいえば、上院大幅改組で構成主体の行政首長らの反発をかわすため、大統領は行政首長で構成する国家評議会を設立した（2000年9月1日付大統領令第1,602号）。国家評議会は3カ月に1回総会を招集し、上部組織として大統領が議長を務める幹部会を設置している。幹部会には7つの連邦行政管区の行政首長が1人ずつ参加し半年ごとに交代する。国家評議会を国の政策を方向付ける重要な組織として活用していく方針であるとしているが[9]、同評議会は立法機関ではなく諮問機関である。いずれにしても、大統領は地方の行政首長との行政執行

---

[5] *Kommersant Daily*, 19/5/2000, pp. 1-2
[6] 安全保障評議会の機構に関するロシア大統領令は96年6月26日発効。それによると、大統領が務める議長及び書記が常任メンバーとなっている。99年4月13日発効のエリツィン大統領令により、同評議会の構成員が変更され、上下両院議長も構成員となる。2000年5月27日発効のプーチン大統領令により、新メンバーが任命され、非常任メンバーのうち、副首相、蔵相、原子力相らの経済関係閣僚が外され、新たに検事総長、7連邦管区大統領全権代表が加わる。
[7] 安全保障評議会は第2の内閣といわれている。RFE/RL, *Russian Federation Report*, 2, 20/5/2000
[8] 70％という高い国民の支持率を維持していた1年の間（2000年5月－2001年5月）、プリコフスキー極東連邦管区大統領全権代表によると、極東管区の法律と連邦法との不整合の8割が除去されたという。『ロシア政策動向』、第20巻、第11号、No.392、p.33
[9] 2000年11月22日開催の第1回国家評議会でのプーチン大統領の発言。『日本経済新聞』、2000/11/23

および立法面に関する意思疎通を間接的には連邦管区の大統領全権代表を通じ、直接的には国家評議会を通じて多角的に行う仕組みを創ったことになる。

プーチン大統領が導入した一連の統治機構改革（連邦管区の創設、国家評議会の設立、上院編成原則の変更など）は、興味深いことに現行の憲法枠内で行われた。議会多数派による政府の編成や、大統領の国民に対する国家保障および適法性全体の保護の権限など問題を残す現憲法であるが、現状では、これらの憲法改正には踏み切らず、とりあえず垂直的統治機構の再整備を現憲法の枠内で施行したことになる。

プーチン大統領は当面、最大の権力基盤である連邦保安局の影響力拡大、それに治安機関の再編・拡大、そして政党法の立法化を伴って政権与党「統一」を強化し議会内外の政治勢力を中立化し、さらに新たな垂直的統治機構を導入し権力関係を再整備し国家の統合を図り、改革に向けて政策を実行する制度上の体制をほぼ1年間で構築したといえる。

ロシア連邦が、93年12月統治機構を見据えた新憲法を制定し、公な政治ルールを導入し、再出発してからの議会の制度化を研究対象期間としているが、変容する政治環境下にあって新議会は実際にはどのような「場」を与えられているのかをより体系的に分析することが新議会の制度的発展の可能性をみるうえで必要な研究といえる。

5．機能研究

（1）機能分析の視点

通常、議会研究を行う場合、研究者は、議会がどのような意思決定をしているか、または意思決定に影響を与えているか、もしくは意思決定の場外に置かれ、単に執行部の政策を正当化する道具とみなされているか、これらいずれかの視点に立ち、議会の憲法上の権限や権威、執行部からの自立性、組織的結束性などを分析している。政治システム内の議会の位置付けが定まればその機能は自ずから定着するものと考えられるが、変動期は政治システム自身が自己革新の渦中にあり、システム全体の制度化の流れのなかで議会の

立法活動や政府に対する行政監督活動が行われている。したがって、変動期の政治システムでの議会の機能を固定化することはできないが、新システムの制度化の方向付けをするうえで機能研究は必要不可欠と考えている。

では、変動期の議会の機能として一体どのような機能が想定されるであろうか。変動期の視点から議会の機能を分析する確固たる枠組みを、この著者は持ち合わせていない。ロシア連邦がすでに法治国家および市民社会であるならば、そこでの連邦議会の立法および行政監督活動では当然利害集約や調整機能を中心に展開されるであろう。しかし、そこへ行き着くまでの議会の機能は何であり、そして議会の機能が目的に向かい発展的に成長していくプロセスが何であるかはまだわかっていない。それを明らかにする試みが本研究の目的である。

ここで制度化というと、組織機構の整備とその運用（例えばここでは民主的な手続き）のプロセスを指す政治学者が多く[10]、中には組織機構の整備のみを指している政治学者もいる[11]。

政治学者の多くは、民主主義が議会の鍵概念である以上、それを尺度に機能分析をするきらいがあるが、移行期の議会にとってそれは将来の理念的な目的地にすぎない。拙速な民主制導入は移行期にはとくに政治システムの機能を低下させることが、ロシアの政治学者の間でも兼ねてから指摘されていることであり、彼らは民主制への段階的発展とともにその過度期には権威主義的体制もやむをえないとしている[12]。民主制への段階的発展は組織機構面ではできるかもしれないが、民主的運用の実態はそれを支える社会心理や政治文化の変化を伴うので、民主化への過程は総体的な流れの中でつかめるのであり、確たる段階的発展などありえない。さらに、移行期の経済成長達

---

[10] 例えば、Samuel P. Huntington, *Political Order in Changing Societies*, Yale University Press, New Haven, CT., 1993

[11] Jeffrey W. Hahn, *Democratization in Russia: The Development of Legislative Institutions*, M. E. Sharpe, Armonk, N. Y. 1996, pp. 3-25

[12] Andranik M. Migranian, "The End of Perestroika's Euphoric Stage," *Thorny Path to the Post-Perestroika World*, S. Minagawa (ed.), Slavic Research Center, Sapporo, 1992, pp. 99-127

成度に応じて税制に手を加えれば国内所得分配は平等化されるため、民主化は経済再建と並行して進むという、いわゆる移行期の旧東欧社会主義国でみられた「政経改革連携発展論」がある[13]。つまり、政治システムの制度化への過程に、他の分野の制度化をも視野に入れておく必要があることは前述した。

　制度化を進めるにあたり、民主化への移行期の体制は、通常つぎの点に留意していると思われる。それは社会を安定した状態に保ちながら政策を実行することである。民主的な手続きを通して選出された議員らの政治指向や利害意識が政策に反映し施行されることが、ここでいう実効性であり、それらを政治や社会システムが機能不全に陥らず、できるかぎり安定した状態で進めることである。一見相矛盾しているようにみえるが、この両者は相関関係にあるといえる。つまり、ただ単に目的遂行をみるだけでは意味がないという意見である[14]。問題はこの実効性と安定性が、民主的な法規範にしたがい達成されるか、それとも伝統的な社会文化的規範にしたがい維持されるかである。前者であれば、1）院内会派、議会委員会、専門家支援、財政支援、手続き規則などの院内構造、2）議会の独立性、3）これら民主的規範の維持発展などにつき注目する必要があり、後者であれば、議会の運営に関係する院内外の政治アクターらの伝統的な政治行動に焦点を絞ることになる。勿論、政治アクターの行動といっても、それは彼らのこのプロセスでの役割認識に依存する。例えば、彼らが離合集散したり、政治勢力が合従連携したりする場合、政治の秩序と安定構造を求めて行うときもあれば、ただ単に個々の利益を追求するために行動するときもある。制度化研究には上記いずれの規範をも無視できないというにとどめておくが、議会活動のどの分野を分析

---

[13] Sarah Meiklejohn Terry, 'Thinking about Post-communist Transition: How Different Are They?', *Slavic Review*, vol. 52, no. 2 (Summer 1993), pp. 333-337; Philippe C. Schmitter and Terry Lynn Karl, 'The Conceptual Travels of Transitologists and Consolidologists,' *Slavic Review*, vol. 53, no. 1 (Spring 1994), pp. 173-185

[14] Robert D. Putman, *Making Democracy Work*, Princeton University Press, Princeton, NJ, 1993, p. 63

の対象とするかで、議会機能の解釈に若干歪みが生ずる可能性がある。ここでは民主化移行の議会活動を対象としているので、民主制の理論と実践という視点はどうしても避けて通れず、本研究では議会活動の中で政治システムの維持・統合（system maintenance）機能と応答性（response maintenance）機能に絞り、事例を使い分析を試みることにした。

　議会活動をこの2つの機能に分ける基本的な基準はその活動が意思決定に関与しているか否かである。つまり、維持・統合機能は議会の組織機構の整備、組織の機動性、政治エリートの選出と、意見調整、政治アクターや国民一般の政治教育、政策を国民に伝達し動員する「装置」としての機能などである。また、ここでいう応答性とは、議会が立法活動や政府への監督活動を進めていくなかで、政治諸勢力（執行部だけでなく個々の議員、政党、院内会派、その他政治グループなど）の政策指向と議会の決定との間の一致を促進する度合いのことをいっているが、このプロセスでは当然政治諸勢力間の利害関係の調整も含まれ、また執行部に対する決定の実効性の度合いも含まれている。事例によっては両機能の中間的なものもあるし、両面を含むものもある。また一方から他方の機能に移る場合もあるので完全な分離は不可能であるともいえるが、活動分析の都合上敢えてこの2つの機能に絞ることにした。

（2）憲法下のロシア連邦議会：制度上の機能

　国民代表の議員が法律を作って政策を決め、執行機関である政府を監視するのが民主制の統治原則である。93年12月制定のロシア憲法は、執行権を有する大統領制を採用しているとはいえ、基本的にはこの原則に沿って制定されたものである。

　ロシア連邦議会は憲法上正統性を付与する最終的な機関となっており、それを背景にして、法案および改憲発議、監督、代表、統合、争点明示、政治教育、利益表出・集約、司法・行政人事などの機能が与えられている。しかし、多くの近代国家の例をみると、これらの機能を議会自体が独自に果たしているというよりも、（とくに日本のように議院内閣制を採っているような国では）その「場」を提供しているといってよい。憲法上の権限では、法案審議など

の場合、下院の優越性が保障されており（憲法第105条）、上院は憲法上象徴的な正統性付与機関の色彩が濃い。政府・大統領府にとって上院も政治的価値があると思われる点は、下院はさまざまな政治勢力の色分けがはっきりしているため政治活動が困難になること、また上院には極端な立場の違いはなく、多民族国家ロシアの統一と保全の強化に関わる国家的な重要な諸問題は上院で決定されること、などがあげられる。

したがって、ロシア連邦議会の重要な制度上の主な機能として2つあげることができる。

1）監督機能

93年9月21日付大統領令で新設のロシア連邦議会は連邦会議（上院）と国家会議（下院）からなる二院制議会であるとし、新憲法（1993年12月12日制定）第5章に連邦議会の権利義務が明文化された。両院はこれら憲法上与えられた権利義務を行使し、大統領府と行政府、それに立法府を監督できるようになっている。議会の主な管轄事項は次の通りである。

連邦会議（管轄事項－憲法102条）：
- 連邦構成主体間の境界線の変更
- 大統領の戒厳令/非常事態導入に対する承認
- 境界外での連邦軍使用可能性の問題解決
- 大統領選挙の公示
- 大統領の罷免（下院の発議を受け審議し、憲法裁判所と最高裁判所の審査を経て罷免される）
- 憲法裁判所、最高裁判所、最高仲裁裁判所の裁判官の任命
- 検事総長の任免
- 会計検査院の副長官及び検査官半数の任免

国家会議（管轄事項－憲法103条）：
- 大統領の指名した首相候補の承認（下院が3度首相候補を否決した場合、即時解散）
- 政府不信任決議（下院が3カ月間に2度、政府不信任案を採択した場合、大統領は内閣総辞職か議会解散を選択）

・大赦（大統領／上院の同意は不要）
・大統領弾劾発議（大統領罷免は上院の議決、憲法裁判所と最高裁判所の審査を経て確定）
・ロシア中央銀行総裁の任免
・人権担当全権代表の任免
・会計検査院の長官及び検査官半数の任免

　上記管轄事項でもわかるように、重要な議会機能の一つに政府の行政執行活動への監督がある。事実、ロシア連邦議会も多くの時間をこれに費やしているといってもいい過ぎではない。この活動が頂点に達すると、議会は国民の意思を具現し、とくに下院は政府不信任案を突きつけ、政府に対し決着を迫ることになる。本文で対象にした監督活動に関する事例の中には、憲法の規定上2年間という暫定期間、つまり第1期に起きた事例が多く含まれている。この期間は2年間という時限付きであり、この間の閣僚人事は議員の閣僚ポストの兼任という形で、執行部が議会の政治圧力に対し応答することがあった。第2期から閣僚ポストとの兼職禁止規定が遵守されて以来、執行部によるこのような応答が少なくなったとはいえ、議会の圧力をかわす一つの手段であることには変わらない。

　政府機関活動について下院の他の監督方法は、その議事日程に「政府時間」を設けたり、また聴聞会を開催し、関連閣僚を召喚し、特定の行政執行問題につき、説明および回答を求めることができる。また、年次国家予算法案などの政府案は関係閣僚が議場で政府案につき説明し、回答しなければならない。

2）立法機能

　国家秩序の法的基盤は連邦法である。憲法上はロシア連邦議会が唯一のロシア連邦立法機関となっている（憲法第94条）。現実にはその他2つの機関が立法機能を果たしている。ロシア政府の立法活動は、他の西側政府同様委任立法的なもので、理解できる。日本など議院内閣制を採っている国の国政は法律、政令、省令、規則などの法令体系を使い、運用され、法秩序の安定性と関係者にとっての予測可能性を重視している。ただし、ロシア政府は、「連

邦の法律及び規範的な性格をもつロシア大統領令に基づき」（憲法115条第1項）、決定および処分を発するとあるように、立法府が制定した法律と同等の法的効力を大統領令に与えている。ロシア大統領が91年から92年にかけて約1年間行使した非常大権は委任独裁が制度化された一形態であり、非常事態における権力行使の慣行が絶ち切れずに現在に至っているともいえる。勿論、アメリカやフランスでも国家意思の決定権を議会と大統領が分有する大統領制を敷いているが、両国とも終局的には、議会の意思が優越する制度を備えている。新憲法では、大統領令の公布は憲法及び法律によって定められた権限の範囲内でという趣旨の限定が付いているとはいえ（第90条）、大統領は下院を解散して「首相」を任命できる（下院は同意権のみ）（第111条）などして前ロシア憲法より大統領権限が強化されている。法治民主主義体制の下では議会以外の立法の「正統性付与」の機能を行使できる国家権力機関はないはずである。もともと社会の安定と強制的改革執行が目的で、一時的な緊急策として行使している立法機能であったものが、朝令暮改的に大統領令を、それも矛盾したものを発令し、かえって関係者に逆の効果を与えることもある。この二層の立法構造とともに、権力構造をより複雑なものにしているのは、執行機関の間で分野別の棲み分けを行っており、非公式には2つの政府が存在していることである。『大統領の政府』は国防、内務、保安、諜報、防諜、情報、外交などの省・局を「大統領に所属する機関」と指定しており、そのほか民族問題も大統領の専管としている。『首相の政府』は国家経済、通商、金融、福祉関連事項を専管としている。ブレジネフ政権当時、前述したように連邦閣僚会議幹部会が経済、教育、社会福祉の部門で、事実上の最高意思決定機関である政治局の一種の常任委員会の役割を演じ、しかも国防、保安、内務などの閣僚らは閣僚会議幹部会のメンバーではなかったが、往々にして政治局のメンバーであった。

　国家法には連邦法と憲法関連法があり、後者の関連法が制定された時点で憲法が完成されたとみなされている。これらのうち連邦議会は非常事態法、戒厳令、司法制度、連邦政府、人権問題に関する全権代表、軍事裁判所などをすでに採択している。連邦法の制定進捗状況は、15の基本法のうち土地法

や労働関連諸法など8つが未採択となっていたが（2000年1月18日プーチン大統領代行当時の第3期下院第1回本会議での発言）[15]、最近では刑法典や民法典、それに土地法典や労働法なども整備されつつある。

　法案は先議権がある下院に上程されるので、当然下院に立法活動が集中している。憲法第104条は、立法発議権を、ロシア連邦大統領、上院、上院議員、下院、下院議員、連邦政府、連邦構成主体の立法（代議制）機関に与え、また連邦憲法裁判所、連邦最高裁判所および連邦最高仲裁裁判所にも自らの管轄事項に関してのみ立法発議権を与えている。同条第3項は税の導入または廃止、納税の免除、国債の発行、国家の財政義務の変更に関する法案、連邦予算によってまかなわれる支出を見込んだその他の法案は、連邦政府の所見がある場合にのみ上程することができると定めている。法案審議は下院で始められるが、下院によって採択された法律のうち、憲法で定められた法律は必ず上院で審議されなければならない[16]。下院での採択決議の拒否権を上院が行使できることになっている[17]。

---

[15] *Rossiiskaia gazeta*, 19/1/2000
[16] 上院の義務審議事項（憲法第106条）
　　・連邦予算
　　・連邦税及び手数料・財政・外貨・金融・関税調整・通貨発行
　　・連邦の国際条約の批准及び廃棄
　　・連邦国境の状態（status）と防衛
　　・戦争と平和
[17] 憲法第105条により、下院に優先審議権があり、下院採択後、法案は上院の審議に付され、上院が14日以内に審議しない場合、法案は自然成立する。上院が法案を否決した場合、下院は3分の2以上の賛成でこれを覆すことができる。また、大統領が採択された法案への署名を拒否した場合、議会が3分の2以上の議決で再採択すれば、大統領の拒否権を覆すことができる。

第Ⅰ部
維持・統合機能
System Maintenance Function

第1章　組織機構整備

(1) 選挙法と議会運営規則

　第1期　上院は、憲法第95条第2項に「連邦会議には、ロシア連邦のそれぞれの構成主体から各2名、すなわち国家権力の代表制機関および執行機関から各1名の代表が加わる」と制定されており、89の連邦構成主体から2人ずつ（第2期から上院構成手続法にしたがい、行政長官と議会議長が代表を務める）、計178人で構成されるとし、下院は、同条第3項に基づき、450人の議員によって構成されるとしている。上下院いずれの議員も両院の議員兼職を禁止している。憲法第96条第1項では、下院議員の任期を4年としている。同条第2項では上院の編成手続き、そして下院議員の選挙手続きは、連邦の法律によって定められるとしているが「下院議員選挙法」が公布されたのが95年6月21日であり、「上院構成手続法」の公布が95年12月5日であった。したがって、93年12月12日の上下院同時選挙は、上院の場合は89の連邦構成主体から2人ずつ例外的に直接選挙で選出する旨の大統領令、そして下院の場合も「下院議員選挙規定」（93年9月21日発令の大統領令）にしたがい行われた。また、連邦議会第1期にはその他数々の例外的措置が設けられた。まず、両院とも第1期の議員任期を例外的に2年とした。さらに、憲法第97条第3項で下院議員が他の公職との兼務を禁止しているにもかかわらず、第1期は前述したように例外的措置としてこれを認めた。

　93年12月12日の両院同時選挙で、上院では定員178人のうち171人[1]、下院

---

[1] タタールスタン共和国、チェチェン共和国、チェリャビンスク州では選挙が成立せず、ヤマロ・ネネツ自治管区では1人のみ選出された。

では定員450人のうち444人[2]が選出された。

　連邦議会第1期の組織機構はあらゆる点において未整備であったため、実際の議会運営は、政権側の議会運営指針や準備体制、議員のそれまでの議会運営経験、そして議会組織面の法整備への意思と能力、それに下院の場合院内会派間の意見調整などに左右された。新ロシア連邦議会は組織機構の整備をしながら、憲法に定められた議会の機能（立法活動や行政府監督業務など）を果たさなければならず、制度化のプロセスにおいて、ここでも経路依存性[3]は重要な分析ポイントとなった。

　ロシアの新連邦議会（両院）が、94年1月11日大統領の開会宣言で開幕して1週間以内に、議長選出、会派規定、議会常任委員会の設置ならびにそれらの議長および構成員などの組織整備に関する決議が採択され、議会運営が滑り出した。

　新議会の準備にあたる組織委員会は総選挙の結果が判明した直後の93年12月24日大統領府長官フィラトフを委員長に動きだした。同委員会は8つの政党・ブロックの代表者またはその代理と8人の地域代表で構成され、5つの委員会（議会開催場所、両院委員会設置、議員資格規定、第1回会議の議題、会派活動調整）を運営した。したがって、議会開会までに議会運営に関する諸々の規定（議会手続規定など）案は作成されていた[4]。

　憲法第101条第3項に「各院は自らの議事規則を採択し自らの活動の院内秩序の問題を解決する」としているので、両院は94年1月17日すでに用意さ

---

[2] タタールスタン共和国内の小選挙区（選挙区番号23-27）とチェチェン共和国内の小選挙区（選挙区番号32）では議員は選出されなかった。

[3] 「経路依存性」とは、現在の制度の枠組みが歴史的条件に大きく依存することを意味する。したがって、ある時点での制度を理解するには、過去にさかのぼって制度の成立を研究する必要がある。経済史の分野で発展した理論で、非市場的な制度である文化、政治、社会の役割を分析に取り入れた点を特徴とする。社会の様々な側面と制度との関係を理解するには、合理性のフレームワークに社会的文化的影響を統合することが必要としている。参照論文： David Stark, "Path-Dependence and Privatization Strategies in East Central Europe," *East European Politics and Societies*, Vol. 6, No. 1, Winter 1992; Avner Greif, *The Organization of Long-Distance Trade*, Northwestern University Ph. D. thesis, pp. 315, 1989

[4] *Megapolis-Express*, No. 1, 5/1/94, p. 16

第1章　組織機構整備

れた規定案を暫定的運営規定として採択した[5]。上院はその後1カ月以内に、下院は3カ月以内に運営規則を採択している[6]。これらの規則はその後幾度となく訂正が加えられた。

　大統領は連邦議会議員の権利、義務、責任を規定した議員に関する連邦法に94年5月8日署名した[7]。大統領は、「この法律は法的に明らかに未完成で憲法に違反しており、選挙民が正当に非難することのできる特権が存在しているため、この法律の署名に関する決定は困難だった」とし、修正案を付した条件付き署名をした。この奇妙な手続きによる署名の背景には、連邦議会の「ソビエト化」再現を危惧するグループと議会活動推進派（このケースではとくに当時大統領評議会のメンバーであり、また大統領の補佐官であったG.サタロフを代表するグループ）との間に軋轢があり、サタロフ派が押し切った形となった。また、大統領自身「この決定を『社会的合意条約』の遂行におけるステップの1つであるとみなしている」といっているように、社会的合意条約遂行のための政治的駆け引きの道具として使ったと思われる[8]。

　第2期　連邦議会は2年の暫定期間が過ぎた95年12月17日、憲法の規定通り、下院のみ選挙を行い、450人が選出され、上院は3人欠員[9]の175人の議員で、連邦議会第2期の構成とした。第2期目から公職兼務禁止条項が遵守され、選出された下院議員のなかに政府閣僚4人、州行政長官1人がいたが、彼らはこれらの公職[10]を辞退した。第1期上院の最後の本会議は同年1月15日に開催された。これは新たに編成される上院が活動を開始するまで、自己の任期を事実上延長したことになる。第2期上院の第1回本会議は96年1月23日に開催された。下院も上院ほどではないにしても、95年12月22日を最後

---

[5] *Federal' noe sobranie*, Moskva, mart 1996, p. 54
[6] *Vedomostiakh federal'nogo sobraniia rossiiskoi federatsii*, 1994, No. 3, ct. 160 in *ibid*. p. 113
[7] 連邦法　No. 3-FZ, *Rossiiskaia gazeta*, 12/5/1994
[8] *Izvestia*, 12/5/1994
[9] ネネツ自治管区行政長官、サハリン州議会議長、ヤロスラヴリ州議会議長が空席。
[10] 辞任した閣僚名（96年1月10日現在）：シャフライ副首相、コズィレフ外相、トラフキン無任所相、ベリャエフ国有財産管理国家委員会議長。辞任した行政長官名（96年1月4日現在）：ペルミ州のボリス・クズネツォフ行政長官

の本会議とし、第2期第1回本会議は96年1月16日に開催された。両院とも、第1期の任期を全うしたが第2期に再任されなかった議員に対し、退職手当と3カ月分の給与を支払い、再就職の斡旋、それにモスクワで提供された議員用住居またはホテルの部屋を96年5月31日まで保有できる決定をし、大統領がこれを承認した[11]。第2期目は、両院とも第1期の規定を暫定規定とし、直ちに規則作成委員会を設置し、その運営規則を採択している。また、両院ともそれ以降必要に応じて当該規則の訂正および新たな条項を追加している。

　第3期　上院は第1期のみ選挙があり、第3期も、憲法の規定通り構成されている。2000年1月15日下院の会派および議員グループの指導者が会談し、同月18日開催予定の第1回下院本会議の開会・運営規則を決定した[12]。これらの手続きおよび規則内容にこれまでの経験が活かされており、第3期にもなると組織運営上の継続性がみられるようになった。

（2）上下両院合同会議

　合同会議は大統領の年頭教書の演説の時のみ年頭に開催される。年頭といっても毎年諸般の事情で通常2月か3月にずれこみ、97年次は3月6日に、そして98年次は2月17日、また2000年次は新大統領就任にあわせ7月8日に開催された。教書は憲法にしたがってロシア連邦議会に提出されることになっており、最高指導者である大統領の政策所信表明である。それは、現職の大統領（国家元首）のみが、権力機関に対して綱領的課題を提示することができ、その効率的な遂行を組織する現実的な可能性をもっていることを示している。

---

[11] 『ロシア政策動向』、第15巻、第2号、No.253、pp.48-55
[12] 『ロシア政策動向』、第19巻、第3号、No.357、p.59

第1章　組織機構整備

（3）会期
1）上院
　連邦会議規則[13]第50条によれば、会期を10月1日から7月31日までと規定している。本会議は通常、火、水、木曜日に行われ、10時から14時まで（ただし正午から30分は休憩時間）そして16時から18時までとなっている。通常、12時30分から13時30分までは国際条約批准の審議時間としている[14]。

2）下院
　会期は春期と秋期に分かれ、春期は原則として1月12日から7月20日の間に行われ、秋期は10月1日から12月25日の間とする。（例えば、94年の春期は1月11日から7月22日までの193日間本会議が開催された。）

諸会議の曜日日程：
　下院評議会の会議：会期により回数異なる（週2回の場合：火、木に開催）
　下院の本会議：水、金の週2回開催
　会派と議員グループの集会：火、木の週2回開催
　委員会活動：月、木
　聴聞会：火
　「政府の時間」や「政治討論」、会派と議員グループや委員会の声明、個々の議員の声明：水、金

（4）定足数
　上院：総議員数の過半数（90人）
　下院：総議員数の過半数（226人）
　ここでいう「総議員数」（*bol'shinstvo ot obshchego*）について、当初、連邦議会側解釈の定数（実際に選出された議員数：上院171人、下院444人）と大統領側解釈の定数（後日の憲法裁判所判断と同じ）があったが、1995年4月12日ロシア連邦憲法裁判所は「総議員数」を、憲法第95条の規定通り、上院178人、下院

---

[13] 連邦会議規則（1996年2月6日制定。27章、232条から構成されている）
[14] *Ibid.*

450人とするという判断を示した。

(5) 議決必要数
1) 上院
　本会議召集：単純多数決－90票（上院規則47条）
　決議：手続き案件－出席者数の単純多数（上院規則72条）
　　連邦法や関連規則の採択－総議員数の単純多数（90票：憲法105条、上院規則112条）
　　以下制限付き多数を必要とする決議：
　　　憲法会議の設置－総議員数の5分の3（107票：憲法135条）
　　　大統領罷免・大統領により拒否された法案の再採択－総議員数の3分の2（119票：憲法107条、上院規則128条）
　　　連邦憲法の改正・訂正－総議員数の4分の3（134票：憲法136条、上院規則135）
2) 下院
　本会議召集：単純多数決－226票（下院規則41条）
　決議：手続き案件－出席者数の単純多数（下院規則74条1項）
　　連邦法や関連規則の採択－総議員数の単純多数（226票：下院規則116、126、180、143、146条）
　　以下制限付き多数を必要とする決議：
　　　憲法会議の設置－総議員数の5分の3（270票：下院規則129条）
　　　大統領罷免・大統領により拒否された法案の再採択－総議員数の3分の2（300票：下院規則167条）
　　　連邦憲法の改正・訂正－総議員数の3分の2（300票：下院規則132、133条）

(6) 連邦議会サービス機関
　連邦会議（上院）が設けられている建物の中に、両院共有の議会センターがある。ここで議会聴聞会、祝典、議会に議員を出している党会議などが行

われる。同建物内に、中央選挙委員会の一部も置かれている。この他の議会サービス機関として、議会図書館、ロシアにおける議会主義発展基金、議会刊行物出版会などがある。

（7）議会経費

　連邦議会の各年の経常経費の予算額は定かでないが、議会の支援体制（建物の管理維持、事務局の維持、会議開催の庶務管理など）の経費や議員の議員活動運営費（旅費、秘書人件費、給与、賞与、通信運搬手当、住居－ダーチャ含む－手当、医療手当、休暇手当、食料手当など）を合わせると相当額になるであろう[15]。V. ニキトフ（上院事務局長）によれば、97年の上院の総予算額が2,500億旧ルーブルであったが、実際に執行された額は計上された総予算額の6割であったといい、ここでも遅配が問題となっていたようである[16]。連邦議会議員の外国旅費は大統領府の予算枠のなかから支給されている[17]。

　各議員の給与を具体的に記せば、2000年1月現在の規定で月9,000（新）ルーブル、加えて移動・通信諸経費が支給されている。年金は3年在籍した場合、本俸の55％、4年在籍した場合75％支給される。その他の特権、例えば住居、執務室、交通手段、医療や休暇施設利用などの待遇は議会幹部（議会議長・副議長、委員会議長・副議長）と「ヒラ」議員との開きが大きいといえる[18]。また、連邦議会議員は各々補佐官（2人～5人）雇用手当を（1997年時で720万旧ルーブル）毎月支給されており、この手当の範囲内で5人まで雇用できる[19]。

---

[15] 議員は他で雇用（給与支給）されることを禁止されている。しかし、議員の半分以上が毎年確定申告しているということは、何らかの副収入を得ていることになる。副収入源のほとんどが証券取引で得た収入だといわれている。*Argumenty i fakty*, No. 39, 30/9/1997 参照。

[16] *Ibid.* 2000年度予算案では、上院が4億3千6百万（新）ルーブル、下院が10億6千万（新）ルーブルの支出を計上した。*Sevodnia*, 27/5/2000 参照。

[17] *Ibid.*

[18] *Sevodnia*, 31/1/2000

[19] *Vek*, No. 45, 4/12/1997 参照。

第2章　議員構成と院内勢力図[1]

1．上院議員

　第1期　連邦構成主体である89の選挙区から2人ずつ選出された連邦会議（上院）（定員178）の選挙結果はロシア連邦共産党所属が13人、そして「ロシアの選択」政治運動体所属がわずか6人、全体のほぼ8割（142人）が無所属であった。10人の議員がそれぞれ他の政党や政治運動体に所属していた構成から判断すると、単純に党派別に分けられないということである。議員の社会的構成をみてみると、地方（共和国や州および地域）の政治家や行政幹部111人（62%）が選出されていた。非公式な党派別では相対的に保革が均衡しているが、中央と地方の関係では地方が数の上では若干多い。上院議員に選出された地方行政長官のほとんどが大統領により任命されていたが、彼らの政治行動は非常に現実的であり、党派別の行動というよりも、中央対地方の利害関係を中心に政治行動に走ることが予想できた。選出された上院議員のうち、49人（28%）が1990年のロシア人民代議員大会選挙で選出された経験をもつ議員であった。また、女性は9人のみで全体の9割以上が男性となっていた。上院議員は30の民族から構成されていたものの、全体の67%はロシア人であった。平均年齢は49歳（1994年1月現在）であったが、全体の約4割が

---

[1] 以下の資料を主に参照して構成した。
　Vybory deputatov Gosudarstvennoi gum' 1995: Elektoral'naia statistika, M.,〈Ves' Mir〉, 1966; *Rossiiskie regiony nakanune vyborov-95*, M.,〈Iuridicheskaia literatura〉, 1995 ; インターネットを通して *Natsional'naia Sluzhba Novostei* (http://www.nns.ru/elects/structura) の Federal'noe sobranie ファイルにアクセスし、現職議員の経歴などの情報を得た。

51歳以上となっていた(表19)。選出された議員の職業別構成を反映してか、教育レベルはすこぶる高く、多くが大学教育を受け(72%)、2割以上が大学院教育を受けていた(表21)。旧ソ連時代同様、農学(25%)と理工科(22%)の教育を受けたものが多かったが、以前と異なるのは社会科学系の教育を受けたものが増えたことである(表23)。

第2期　第2期上院議員は直接選挙で選出されず、その構成は憲法の規定通り、各連邦構成主体から2人(行政長官と議会議長)ずつ議員として送り込まれたため、職業地位別にその構成をみることができなくなった。第2期上院議員のうち62人(35%)が第1期から引き続き議席を得たが、ロシア人民代議員大会の経験者は少なくなったといっても、それでも全体の11%いた。平均年齢は第1期より若干上昇し、51歳(1996年1月現在)となった(表20)。学歴不明が4割近くもいるので正確な数値を示すことはできないが、教育歴は第1期同様高学歴の議員で構成されていたとみてよいであろう(表22)[2]。教育の専門分野は第1期と根本的には変わっていないが、より多分野に分散している傾向にあった(表23)。上院でたった1人の女性議員はカレリア共和国立法議会議長のV. N. ピヴネンコであった。民族別構成は30の民族から構成されているが、そのうちロシア人が39%を占め、これはロシア連邦全体の民族別構成比のほぼ半分であった[3]。また第1期と比べロシア人の占める割合が少なくなった理由は定かでないが、上院の編成が異なる方法で行われた結果であると思われる。

下院が95年12月の下院選挙後の会期を第3期としているが、第2期以降の上院編成上厳密にいえば第2期と第3期の区別は曖昧であり、再編成が実施された2002年1月まで第2期と呼ぶことも可能であろう。この間上院議員の選出(任命)は行われないわけで、したがって議員の継続率も高い。1996年1月時から2000年1月時までの継続率をみると52%にのぼり、ちなみに第1

---

[2] ここではすでに公表されている集計済みの資料を参照した。*Federal'noe sobranie*, Moskva, mart 1996, p. 35
[3] 1996年現在、ロシア連邦は100以上の民族で構成され、そのうちロシア人が81%を占めている。『ロシアの現況：1996』、ラジオプレス、p. 71

期から2000年1月時までの継続率は26％である（表20）。

　プーチン体制が安定してきた2001年になると、上院内で大統領が進める路線を支持するグループ「連邦」が構成された。グループ「連邦」は上院議員119人（議長：ゴレグリャド上院予算委員会副議長・サハリン州行政府代表）から成り[4]、これまで連邦構成主体の権利を擁護する上院から大統領および政府によって比較的制御されやすい上院に様変わりする可能性がある。

　ロシア連邦議会連邦会議（上院）の編成手続きに関する連邦法が制定（2000年8月5日、連邦法No.113-F3）され、連邦法にしたがったすべての連邦会議構成員の選出（任命）[5]が2002年1月1日までに完了することになった。新しい編成手続きにより、連邦会議の構成員は今までよりも間接的に連邦構成主体を代表するため、各連邦構成主体内で法的には役職権限の再配分が行われたことになるが、連邦会議内の政治勢力図が案件により微妙に変化することが考えられ、政治的には連邦会議が必ずしも中央対地方という対局構図とはならないことも考えられる。

2．下院議員

　選挙結果が議員構成に変化をおよぼすのは当然であるが、下院議員構成で最大の関心事は政党別および院内会派別の勢力図である。

---

[4]「ラジオロシア」放送、2001年2月23日、『ロシア月報』、第692号、平成13年2月号、pp.20-21

[5] 本連邦法第5条は次のように規定している。連邦構成主体立法国家権力機関からの代表の選出に関する連邦構成主体立法国家権力機関の決定は、秘密投票によって採択され、この機関の決定によって正式なものとされ、また二院制の連邦構成主体立法国家権力機関の場合は、両院の共同決定によって正式なものとされる。さらに、連邦構成主体執行国家権力機関からの代表の任命に関する連邦構成主体最高執行国家権力機関指導者の命令によって正式なものとされる。命令は3日以内に連邦構成主体立法国家権力機関に送付される。連邦構成主体執行国家権力機関からの代表の任命に関する命令は、連邦構成主体立法国家権力機関の定例または臨時会議でその議員総数の3分の2が連邦会議における連邦構成主体執行国家権力機関からのこの代表の任命に反対する票を投じない場合に発効する。*Rossiiskaia gazeta*, 8/8/2000

(1) 第1期：1994年1月－1995年12月

　ペレストロイカ以後の議会運営の経験が活かされ、比較的手際良く組織整備がなされた印象を与えているが、決して波風が立たなかったわけではない。下院の場合、開会早々無所属議員が独自会派の結成を主張、会派の最低議席数をめぐり保革勢力が鋭く対立した。6時間にも及ぶ激論の末採択された会派規定では院内会派結成の最低議員数を35人と決定し、代議員グループおよび会派が対等になった[6]。94年1月13日、院内会派登録を行い、党・会派別議席数を決定した。議院内閣制では選挙結果が政権を変える可能性がある (Election makes or unmakes government) が新憲法下での議院大統領制ではそれが欠如している。では何故に党派、および会派が問題となるかであるが、ここで勢力図を概観するのは、議会での立法過程やその他の議会活動でこれらの政治勢力の編成および再編がどのような影響を議会運営上および議会の制度化に与えるかに関心があるからである。

表2　院内会派またはグループ（登録必要議員数＝35名）：第1期（1994年1月20日現在）[7]

会派・政治グループ名	会派構成員数	比例区得票率 （5％以上）
ロシアの選択	76 (17%)	14.74%
ロシア自由民主党	64 (14%)	23.44%
ロシア農業党	55 (12%)	8.56%
ロシア連邦共産党	45 (10%)	13.23%
ロシア統一合意党	30 (7%)	6.82%
ヤブロコ	27 (6%)	7.51%
ロシアの女性	23 (5%)	8.28%
ロシア民主党	15 (3%)	5.45%
新地域政策	67 (15%)	

[6] *Izvestia*, 12/1/1994; *Sevodnia*, 12/1/1994

[7] *Federal'noe sobranie*, Moskva, 8 fevralia 1994, p. 73

(計402人となるが1人が2つの会派に同時に登録したため実際は計401人)	
その他の議員	49（11％）
合計	450（100％）

　「ヤブロコ」（ヤブリンスキー連合）や「ロシアの女性」は議員数35人に満たないが、下院議員選挙の際の5％の「障壁」を乗り越えた議員連合であるため会派とみなされた。13政治団体のうち比例代表区での5％条項をクリアしたのは、「ロシアの選択」、「ヤブロコ」、ロシア統一合意党、ロシア民主党、「ロシアの女性」、ロシア農業党、ロシア連邦共産党、ロシア自由民主党の8つであった。会派登録は会期ごと登録し直すため、各会派の議員数は登録の度に変動している。「12月12日同盟」や「ロシアの道」は会派として登録されたり抹消されたりしていた。94年1月13日に登録された9つの会派のうち、「新地域政策」は無所属議員を中心に結成された。この「新地域政策」会派が65議席で、「ロシアの選択」会派の76議席にはかなわないが、ロシア自由民主党（63議席）を抜き、第2勢力に躍り出た[8]。「新地域政策」を構成している無所属議員の社会層は一様でなく、旧ロシア共和国人民代議員大会で構成されていた「市民同盟」の構成員に類似していた。例えば、元ソ連共産党中央委員会書記局書記であったジャソホフやその後ロシア実業界で活躍したタラソフ、また当時政府官房長官に就いていたクワソフなどがいた。この時期に閣僚ポストを得た会派は「ロシアの選択」、ロシア統一合意党、ロシア農業党、ロシア民主党それにこの「新地域政策」であった。上記の表をみるかぎり、下院でいかなる会派も単独で過半数はとれないことになっていた。最大会派である「ロシアの選択」とロシア統一合意党や「ヤブロコ」それに「12月12日同盟」など改革派勢力は全議席の約35％、一方、ロシア連邦共産党とロシア農業党の左派と、右派のロシア自民党の連合が成立したとしても全議

---

[8] *Izvestia*, 14/1/1994

席の36％にすぎない。上記いずれかのグループが中間派のロシア民主党、「ロシアの女性」、「新地域政策」との連携をいかに模索していくかでその勢力図は大きくぬりかえられたであろうが、エリツィン体制の政策指向の変化により議員自身の間で与党および野党の意識が定かでない場合は、勢力図の行方はおろかその尺度を見失うおそれがあった。政治勢力はただ単に数だけでなく、それぞれの会派のもつ政治的・知的・物理的資源などの優位性も勢力に結びついていく。

　また、第1期は大統領府長官をはじめ大統領機構の関係者が下院議員全体の5％を占めており、議会運営上興味深い構成になっていた。

（2）第2期：1996年1月－1999年12月

　1995年12月17日に行われた下院選挙の比例代表区には43（1993年の選挙では13）の選挙団体が参加し、そのうち5％条項をクリアしたのは、ロシア連邦共産党（22.30％）、ロシア自由民主党（11.18％）、「我が家ロシア」（10.13％）、「ヤブロコ」（6.89％）の4つ（1993年の選挙では8つ）の選挙団体であった。選挙結果が以上の会派別勢力図となったわけであるが、移行期の過程でできた社会階層上の格差がこの構成に如実に現れていた。政権党の「我が家ロシア」は左派のロシア連邦共産党に大きく引き離されたものの、第2勢力会派を維持できた。93年の選挙で得たロシア自由民主党のかなりの議席と、95年選挙で壊滅したロシア農業党の比例代表区議席の多くがロシア連邦共産党に流れた。ロシア自由民主党は院内会派別議席数で51議席を得たものの、そのうち小選挙区で得た議席はわずか1議席であった。選挙民のこの党への支持は党首ジリノフスキーへの支持であって、小選挙区で示した選挙結果では、人気取りのためのスローガンだけが評価の対象ではないことを物語っていた。

第 2 章　議員構成と院内勢力図

表 3　院内会派またはグループ：第 2 期（1996年 1 月16日現在）[9]

会派・政治グループ名	会派構成員数	会派別再選議員数	比例区得票率（5％以上）
ロシア連邦共産党	147(33％)	30(21％)	22.30％
ロシア自由民主党	51(12％)	28(55％)	11.18％
我が家ロシア	66(15％)		10.13％
ヤブロコ	46(10％)	19(41％)	6.89％
農工代議員グループ（旧ロシア農業党議員）	37(8％)	11(30％)	
人民に権力を	37(8％)		
ロシアの地域	42(9％)		
その他の議員	24(5％)	他の再選議員69	
総計	450(100％)	157(35％)	

　第 2 期下院での左派の勢力は40％強、改革派は25％弱、いずれの会派も第 1 期同様単独で議会の流れをリードすることができなかった。ロシア自由民主党は国粋的保守派であるが、ロシア連邦共産党に近いグループと中道グループとで構成されていた「人民に権力を」や小選挙区からの無所属議員で構成されていた「ロシアの地域」などの会派やその他の議員は一概に中道派ともいえず法案ごとに彼らの政治指向は異なったので、会派間の政治活動が政権側の対議会対策如何ではダイナミズムに動く可能性があった。
　多くの議席数を確保したロシア連邦共産党やロシア自由民主党に再選議員が多かったのは理解できるが、ヤブロコは会派構成員46人と少ないにもかかわらず、その 5 割以上もの議員が再選者で、堅固な支持層があることを示していた。
　第 2 期で選出された議員のうちモスクワ市居住者は154人で、第 1 期の280人と比べ100人以上の減少であった。これはかねてから問題視されていた点

---

[9] *Federal'noe sobranie*, Moskva, 6 mart 1996, p. 162

で、新下院選挙法では、モスクワ市居住の比例代表区候補者に数量制限を設けたため[10]、この減少効果が出たと思われる。減少したとはいえ、第2期連邦最高立法機関の34％の構成員がモスクワ市居住者で占められていた。

(3) 第3期：2000年1月-2003年12月

1999年12月19日全土で実施された第3期下院選挙で、投票率62％、441人が選出された。チェチェン共和国の選挙日は未定のまま、選挙不成立に終わった8選挙区の再投票日は当初2000年3月19日としたが、その後3月26日大統領選投票と同時に行われた。比例代表区では26の選挙ブロックが争い、5％の得票下限をクリアできたのは6つの選挙団体（ロシア連邦共産党、「統一」、「祖国・全ロシア」、「右派勢力同盟」、「ヤブロコ」、ロシア自由民主党）であった。小選挙区では2,300人以上の候補者が争い、241人が選出された。同年4月2日現在で3議席の欠員があった。

表4　院内会派またはグループ：第3期（2000年4月2日現在）[11]

会派・政治グループ名	会派構成員数	会派別再選議員数	比例区得票率（5％以上）
ロシア連邦共産党	88(20%)	58(66%)	24.29%
統一	83(18%)		23.32%
祖国・全ロシア	47(10%)		13.33%
右派勢力同盟	32(7%)		8.52%
ヤブロコ	21(5%)	15(71%)	5.93%
ロシア自由民主党	16(4%)	5(31%)	5.98%

---

[10] 下院選挙法38条「…選挙団体、選挙ブロックは、名簿における候補者の登録順位を決めるに当たり、名簿を全体または部分的に候補者の地域グループ（ロシア連邦構成主体別に、またはロシア連邦構成主体のグループ別に）に分類する。その場合、地域グループに入らない候補者を含んでいる名簿の部分は、候補者12名までとすることができる。候補者を、2つまたはそれ以上のそのようなグループに含めることができず、連邦候補者名簿に2回以上搭載されることができない」としている。*Rossiiskaia gazeta*, 28/6/1995

[11] *Rossiiskaia gazeta*, 2/3/2000; *Sovetskaia Rossiia*, 15/4/2000

人民代議員	58(13%)		
農工代議員グループ	42(9%)	5(12%)	
ロシアの地域	41(9%)	9(22%)	
その他の議員	19(4%)	他の再選議員57	
欠員	3(1%)		選挙未実施1、辞退1 選挙後死亡1
総計	450(100%)	149(33%)	

　相対的に再選議員数が前期よりも若干少なくなっているが、それでも共産党が突出している。第2期で消滅した会派の再選議員（57人）の多くが「統一」、「祖国・全ロシア」、「右派勢力同盟」などに分散している。前期からの再選率だけみれば、「ヤブロコ」が突出しているが、3期継続して存在する会派構成員（共産党、自民党、「ヤブロコ」、「農工代議員グループ」など）の絶対数が激減している。絶対数では第1会派の共産党と第2会派の「統一」が拮抗しており、たとえこの両会派が共同歩調をとったとしても、下院で過半数を得られず、党派の色彩が薄い「人民代議員」か「ロシアの地域」のいずれか、または両方の協力を必要とする。また、中道保守系会派（統一、祖国、右派勢力など）が一致協力しても過半数を得られず、やはり「人民代議員」か「ロシアの地域」の票を必要とし、この両会派はバランサーとして重要な位置を占めている。これまで党綱領に沿って毅然とした態度をとり続けてきた「ヤブロコ」、それに国粋的スローガンを掲げて政治を行ってきた自民党の両会派は絶対数で見る影もなく、これら会派の議会内の量的存在感はあまり感じられない。第1期から継続して議員に選出された議員総数は77人（17%）であるが、ここでも共産党が現職の17人と最も多く、次いで「ヤブロコ」の10人となっている。これまで積み上げられてきた複雑な院内手続きに精通し、議会対策に長けている議員がこの両会派に多いということである。
　下院の第1期および第2期の院内会派の構成（年齢、学歴、学歴専門分野、当選時の職業）を比較検討してみると、つぎのような会派別特徴が浮かびあがってくる。

表5　年齢別会派**構成：第1期

年齢別	選択	自民党	農業党	共産党	統一合意	ヤブロコ	女性	民主党	新地域
30歳以下	5%	15%	2%	2%	3%	11%	…	7%	3%
31−40	26%	25%	7%	9%	40%	22%	13%	27%	21%
41−50	30%	31%	33%	48%	40%	41%	65%	47%	52%
51歳以上	37%	29%	56%	40%	16%	26%	22%	13%	23%
不明	1%	…	2%	…	…	…	…	7%	…
合計*	100 (76)	100 (64)	100 (55)	100 (45)	100 (30)	100 (27)	100 (23)	100 (15)	100 (67)
平均年齢	47	45	51	50	44	45	46	44	45
女性比率	8%	8%	5%	11%	…	11%	100%	7%	15%

注：*　％（　）内は構成員数
　　**表内の会派名は略称。選択－ロシアの選択；自民－ロシア自由民主党；農業－ロシア農業党；共産－ロシア連邦共産党；統一合意－ロシア統一合意党；ヤブロコ－ヤブリンスキー連合；女性－ロシアの女性；民主－ロシア民主党；新地域－新地域政策

表6　年齢別会派*構成：第2期

年齢別	我が家	自民党	農工議員	共産党	ヤブロコ	地域	権力
30歳以下	8%	20%	…	…	2%	…	3%
31−40	18%	33%	11%	10%	39%	28%	16%
41−50	49%	31%	42%	46%	46%	53%	35%
51歳以上	25%	16%	47%	45%	13%	20%	46%
合計	100 (66)	100 (51)	100 (37)	100 (147)	100 (46)	100 (42)	100 (37)
平均年齢	47	41	50	51	43	46	51
女性比率	8%	2%	8%	11%	13%	12%	16%

注：*我が家：我が家ロシア；農工議員－農工代議員グループ；地域－ロシアの地域；権力－人民に権力を

第2章 議員構成と院内勢力図

表7　年齢別会派*構成：第3期

年齢別	統一	自民党	農工議員	共産党	祖国	ヤブロコ	右派勢力	人民代議員	地域
30歳以下	7%	19%	2%	…	…	…	…	2%	7%
31－40	25%	31%	19%	5%	21%	29%	44%	22%	5%
41－50	35%	31%	38%	28%	30%	38%	37%	47%	42%
51歳以上	33%	19%	41%	67%	49%	33%	19%	29%	46%
合計	100 (83)	100 (16)	100 (42)	100 (88)	100 (47)	100 (21)	100 (32)	100 (58)	100 (41)
平均年齢	47	43	49	55	53	47	44	47	51
女性比率	7%	…	7%	9%	9%	10%	13%	5%	7%

注：*祖国－祖国・全ロシア；右派勢力－右派勢力同盟；人民代議員－人民代議員グループ

　3期を通して左派系の共産党と農業党を除き他の会派は概ね下院の平均年齢（第1期46歳；第2期49歳；第3期48歳）に近く、なかでも「ヤブロコ」、ロシア自民党は若さを維持している。政権会派の「ロシアの選択」、「我が家ロシア」、「統一」は各期での名称と構成内容は異なるが一貫して平均年齢を47歳で維持している。第3期の特徴はロシア自民党と「右派勢力同盟」の平均年齢が若いのに反し共産党がますます老齢化し、その平均年齢差10歳であることは、活動力と政策指向にその差が出てくることになるであろう。

　下院での女性比率（第1期14％-61人；第2期10％-47人；第3期7％-32人）は漸次減少傾向にある。平均を上回った会派は、第1期では「ロシアの女性」と「新地域政策」であり、第2期は「人民に権力を」と「ヤブロコ」、それに「ロシアの地域」であり、第3期ではロシア自民党と「人民代議員」会派を除き他の会派は平均に近いかそれ以上の比率を占めている。保守系諸会派での女性比率は想像していたように一般的に低い。下院第2期女性議員47人のうち、17人（36％）が再選組でその比率は男性とほぼ同じ（35％）であった。下院第2期にT.ヤルギナ（「ヤブロコ」会派所属）を長とする横断的で非公式な女性グループが構成されたが、女性議員の多くが比例代表区から選出され

ているため、このグループは団結力に欠け、会期中必要に応じ会合を開いていたものの今のところ際だった政治的な成果を出していない。下院委員会の構成をみると、女性議員の比率は保健、家族、社会保障問題関連の委員会が高く、男性議員の比率は経済、内政、憲法、安保、国際問題関連の委員会で高くなっている。院内の女性議員の活動態度は一般的に政治に寛容であり、日常の出来事に関心があり、法律のより詳細な、そして現実的な解釈を絶えず追求しているのに対し、男性議員は、まず会派や自己利益を基点に政治的な判断を先行させ、つぎに選挙区民の要望に応えることを考えているといわれている[12]。ジェンダー・ポリティックスが時代を先取りして始まった下院であったが、時期尚早という感は否めない。

表8　学歴別会派構成：第1期

学歴	選択	自民党	農業党	共産党	統一合意	ヤブロコ	女性	民主党	新地域
中／高卒	4%	13%	…	7%	7%	…	…	7%	3%
大学中退	…	…	…	2%	…	…	…	…	…
大学卒	41%	53%	80%	60%	47%	44%	78%	67%	63%
博士候補	38%	17%	15%	9%	30%	33%	13%	7%	25%
博士	16%	17%	4%	22%	17%	22%	9%	13%	9%
不明	1%	…	2%	…	…	…	…	7%	…
合計	100 (76)	100 (64)	100 (55)	100 (45)	100 (30)	100 (27)	100 (23)	100 (15)	100 (67)

表9　学歴別会派構成：第2期

学歴	我が家	自民党	農工議員	共産党	ヤブロコ	地域	権力
中／高卒	5%	14%	…	3%	…	5%	5%
大学中退	3%	2%	…	1%	…	…	…
大学卒	51%	69%	87%	62%	61%	62%	47%

---

[12] *Moskovsky komsomolets*, 23/9/1997

第2章 議員構成と院内勢力図

博士候補	25%	4%	8%	23%	24%	15%	40%
博士	17%	14%	5%	10%	15%	18%	8%
不明	…	…	…	1%	…	…	…
合計	100 (66)	100 (51)	100 (37)	100 (147)	100 (46)	100 (42)	100 (37)

表10　学歴別会派構成：第3期

学歴	統一	自民党	農工議員	共産党	祖国	ヤブロコ	右派勢力	人民代議員	地域
中/高卒	1%	…	…	…	…	…	3%	2%	2%
大学中退	1%	6%	…	1%	…	…	3%	…	…
大学卒	92%	82%	88%	70%	82%	48%	66%	81%	73%
博士候補	4%	…	8%	21%	9%	33%	22%	3%	17%
博士	2%	6%	2%	7%	9%	19%	6%	10%	5%
不明	…	6%	…	…	…	…	…	4%	3%
合計	100 (83)	100 (16)	100 (42)	100 (88)	100 (47)	100 (21)	100 (32)	100 (58)	100 (41)

　いずれの会派も高学歴化しているが、改革諸会派の構成員の中には大学院レベルの教育を受けたものが多い。第2期以降になると共産党も同傾向を示すが、第3期になると改革指向の会派「ヤブロコ」と「右派勢力同盟」を除き、大学院教育を受けた会派議員は少なくなっている。

表11　学歴専門分野別会派構成：第1期

学歴専門分野	選択	自民党	農業党	共産党	統一合意	ヤブロコ	女性	民主党	新地域
コミュニケーション	4%	2%	…	…	…	…	…	…	…
医学	4%	3%	4%	…	…	4%	22%	…	3%
教育	1%	3%	2%	11%	…	…	13%	7%	7%
教養	5%	5%	…	7%	…	7%	…	…	1%

軍事	1%	5%	…	…	3%	…	…	…	4%
経済学	16%	22%	9%	11%	17%	41%	4%	13%	21%
社会学	…	…	…	…	3%	…	4%	…	…
政治・国際関係	…	…	5%	9%	10%	7%	4%	…	…
職業技術	3%	11%	…	…	13%	…	9%	7%	6%
農学	7%	…	55%	9%	3%	4%	4%	7%	7%
文学・言語・哲学	11%	5%	…	11%	3%	15%	4%	…	7%
法学	18%	16%	4%	13%	27%	4%	13%	40%	13%
理工科	24%	25%	16%	18%	10%	11%	13%	13%	24%
歴史	4%	5%	…	2%	10%	7%	4%	7%	3%
その他	1%	…	…	…	…	…	…	…	1%
不明	1%	…	5%	…	…	…	4%	7%	…
合計	100 (76)	100 (64)	100 (55)	100 (45)	100 (30)	100 (27)	100 (23)	100 (15)	100 (67)

表12 学歴専門分野別会派構成：第2期

学歴専門分野	我が家	自民党	農工議員	共産党	ヤブロコ	地域	権力
経済学	18%	14%	13%	12%	28%	20%	16%
法学	8%	27%	3%	8%	11%	13%	8%
理工科	31%	24%	24%	29%	26%	23%	29%
農学	5%	…	50%	6%	2%	5%	13%
文学・言語・哲学	3%	4%	3%	4%	11%	5%	5%
歴史	8%	2%	…	8%	2%	3%	11%
医学	11%	2%	…	…	2%	5%	3%
軍事	3%	4%	…	3%	…	8%	3%
政治・国際関係	2%	…	5%	6%	4%	…	…
コミュニケーション	…	…	3%	3%	4%	3%	…
職業技術	5%	8%	…	5%	…	3%	3%

第2章　議員構成と院内勢力図

心理学	...	...	...	2%	...	...	...
教育	3%	6%	...	11%	4%	10%	...
教養	...	2%	...	1%	2%	...	3%
その他	3%	4%	...	2%	...	5%	8%
不明	2%	4%	...	1%	2%	...	...
合計	100 (66)	100 (51)	100 (37)	100 (147)	100 (46)	100 (42)	100 (37)

　表11、12の専門分野別学歴をみると各会派とも比較的多い分野は経済学、農学、法学、理工科である。それでも会派によりある特定の専門分野の学歴をもつ議員を擁する傾向がある。例えば、理工科は「ロシアの選択」、自民党、共産党、「新地域政策」；経済学は「ヤブロコ」、「新地域政策」；農学は農業党；そして法学は統一合意党、ロシア民主党などである。

表13　学歴専門分野別会派構成：第3期

学歴専門分野	統一	自民党	農工議員	共産党	祖国	ヤブロコ	右派勢力	人民代議員	地域
経済学	2%	6%	2%	8%	9%	33%	9%	7%	10%
法学	2%	12%	2%	5%	6%	24%	9%	3%	5%
理工科	5%	6%	12%	28%	9%	5%	16%	14%	7%
農学	1%	...	12%	1%	4%	...	...	...	...
文学・言語・哲学	1%	...	2%	5%	...	5%	3%	2%	5%
歴史	1%	...	2%	5%	2%	5%	...	...	2%
医学	1%	...	...	1%	2%	...	3%	5%	2%
軍事	1%	...	...	2%	...	...	6%	2%	7%
政治・国際関係	...	...	2%	3%	...	5%	...	...	...
コミュニケーション	...	...	2%	2%	...	5%	...	2%	...
職業技術	...	...	...	2%	...	...	...	2%	2%
心理学	...	...	2%	1%	...	...	...	...	...

教育	…	…	…	9%	…	10%	3%	…	4%
その他	…	…	2%	1%	…	…	…	…	5%
不明	84%	76%	55%	26%	68%	10%	50%	64%	49%
合計	100 (83)	100 (16)	100 (42)	100 (88)	100 (47)	100 (21)	100 (32)	100 (58)	100 (41)

　第3期（表13）は、残念ながらこの時点で教育歴を公にしないものが多すぎて満足な表が作成できず、したがって、変化している傾向はつかみにくいが、興味深い点は共産党とヤブロコが個人情報の公開に積極的なことである。これら2つの会派に限っていえば、これまでと同じ教育歴指向があるといえる。当表が不完全とはいえ、全体的な傾向としていえることは、世代交代の時期でもあり、会派間の教育歴特徴が薄れてきていることである。

表14　議員選出時職業別構成：第1期

当選時役職	選択	自民党	農業党	共産党	統一合意	ヤブロコ	女性	民主党	新地域
連邦行政官	26%	3%	9%	…	27%	26%	4%	…	3%
共和国行政官	1%	…	2%	2%	…	…	4%	…	3%
地方行政官	11%	5%	15%	2%	3%	4%	13%	13%	21%
共和国議会関係者	1%	2%	…	2%	…	…	…	…	1%
地方議会関係者	5%	6%	5%	…	3%	7%	…	…	4%
政党関係者	3%	…	…	13%	…	4%	13%	27%	3%
マスコミ関係者	3%	23%	…	11%	…	…	…	…	3%
医療関係者	…	…	2%	…	…	4%	13%	…	…
教育研究関係者	18%	23%	7%	31%	13%	52%	13%	7%	16%
工業産業関係者	8%	11%	11%	29%	27%	…	13%	…	21%
農業関係者	1%	2%	29%	2%	…	…	…	…	3%
司法関係者	4%	3%	…	2%	3%	4%	…	13%	1%
その他	16%	22%	18%	4%	23%	…	22%	20%	0%

第2章 議員構成と院内勢力図

不明	3%	…	2%	…	…	…	4%	20%	1%
合計	100 (76)	100 (64)	100 (55)	100 (45)	100 (30)	100 (27)	100 (23)	100 (15)	100 (67)

注： 上記職業別構成は以下の職種を含む
・連邦行政官：大統領代理人、連邦大統領府幹部、その他連邦大統領府関係者、連邦省庁議長（閣僚）、連邦政府副首相、連邦レベル顧問、その他連邦国家官僚
・共和国行政官：共和国大統領府関係者、共和国省庁議長、共和国副首相、その他共和国国家官僚
・地方行政官：州・地方行政長官（代行を含む）、市長・行政長官、州・地方行政副長官、地区行政長官、その他行政官（地区）
・共和国議会関係者：共和国最高会議（議会）幹部/議員、
・地方議会関係者：自治管区ソビエト（議会）幹部/議員、州・地方ソビエト（議会）幹部/議員、州・地方ソビエト（議会）議長、州・地方ソビエト（議会）副議長、市ソビエト（議会）議員
・政党関係者：政党幹部、代議員秘書
・企業関係者：国営・私企業企業長、金融財界幹部、資源産業関係者、
・その他：商業（サービス産業）関係者、軍人、年金受給者、公営機関関係者、国際交流関係者、通信・運輸関係者、文芸関係者、労組関係者、その他社会活動家

表15　議員選出時職業別構成：第2期

当選時役職	我が家	自民党	農工議員	共産党	ヤブロコ	地域	権力
地方行政官	21%	…	15%	3%	11%	15%	5%
地方議会関係者	3%	…	3%	7%	…	5%	7%
政党関係者	2%	17%	…	10%	…	2%	3%
マスコミ関係者	…	4%	3%	5%	…	5%	…
教育研究関係者	18%	11%	7%	19%	42%	5%	10%
工業産業関係者	8%	8%	5%	12%	…	14%	10%
サービス業関係者	9%	8%	13%	8%	4%	7%	3%
農業関係者	3%	2%	42%	2%	…	…	3%
文芸関係者	3%	2%	…	2%	7%	…	5%
その他	33%	48%	12%	32%	36%	47%	54%

| 合計 | 100
(66) | 100
(51) | 100
(37) | 100
(147) | 100
(46) | 100
(42) | 100
(37) |

注：第2期目は再選組がおり、当然当選時の職業は連邦議会議員であるが、ここでは再選組はそれ以前の当選時の職種をあげた。その他には多種多様の職種が含まれている。

表16 議員選出時職業別構成：第3期

当選時役職	統一	自民党	農工議員	共産党	祖国	ヤブロコ	右派勢力	人民代議員	地域
地方行政官	24%	6%	17%	6%	15%	10%	13%	2%	10%
地方議会関係者	8%	…	5%	7%	6%	…	6%	7%	10%
政党関係者	5%	13%	2%	7%	4%	5%	16%	2%	2%
マスコミ関係者	2%	13%	2%	6%	…	5%	…	3%	2%
教育研究関係者	2%	…	7%	20%	11%	57%	13%	9%	20%
工業産業関係者	8%	…	12%	10%	13%	…	3%	10%	10%
サービス業関係者	5%	13%	2%	9%	4%	…	6%	9%	5%
農業関係者	…	…	19%	…	…	…	6%	2%	2%
文芸関係者	1%	…	1%	2%	…	…	…	…	2%
その他	43%	56%	33%	34%	45%	24%	37%	57%	37%
合計	100 (83)	100 (16)	100 (42)	100 (88)	100 (47)	100 (21)	100 (32)	100 (58)	100 (41)

　表14、15、16は会派構成員が関係していた職業であるが、会派毎に職業別の傾向がみられる。職業は、関与していた職業上の知識や情報に強いだけでなく、会派の政策指向との利害関係がある程度理解できる。第1期に政権党会派といわれた「ロシアの選択」は連邦レベルの行政官（第1期のみ閣僚と下院議員兼職可）と教育研究関係者が多く、第2期の政権会派の「我が家ロシア」になると地方レベルの行政官と教育研究関係者で構成員の4割近くを占めていた。第3期の政権党会派「統一」はやはり地方レベルの行政官が4分の1を占めるが他の職種は分散している。したがって、いずれの政権党会派も地

方色の強い会派であったといえる。第1期に政権に比較的近い距離にいた統一合意党と「ヤブロコ」も連邦レベルの行政官の比重が比較的高かった。第1期に地方レベルの行政官の比重が高いのは当然「新地域政策グループ」であった。政党関係者が多かったのは第1期ではロシア民主党、第2期ではロシア自民党、第3期は「右派勢力同盟」である。マスコミ関係者が多かったのは第1期それに第3期のロシア自民党である。教育研究関係者は第1期ではロシア自民党、第2期では「我が家ロシア」、そして3期連続して共産党と「ヤブロコ」が多く、なかでも「ヤブロコ」は構成員の5割以上と突出している。工業産業関係者は第1期では共産党、統一合意党、それに「新地域政策グループ」に見られ、第2期にも共産党と「ロシアの地域」に若干同様の傾向がみられたが、第3期には傾向といえるほどの比率を示さなくなった。農業関係者は、第1期のロシア農業党と第2期の「農工代議員グループ」に際だって代表されており、第3期にも「農工代議員グループ」に同様の傾向がみられるが率は低くなっている。「その他」の職種の割合が多い会派がみられるが、このカテゴリーはいろいろな職種（表14注を参照）を含んでおり、そのなかで突出した割合を示している職種はない。事実、この「その他」の職種の中で「文芸関係者」と「サービス業関係者」を第2期と第3期に「その他」から切り離し、独立の項を設け集計したが、これら職種での会派別特徴は出ていない。

　以上の表では、専門分野別学歴も含めて、会期を重ねるにしたがって相対的に会派間の特徴が薄れてきており、ゼネラリスト的構成になりつつあるといえる。

　これまでの下院選挙毎の結果が院内会派別勢力図を塗り替えてきたが、政権与党が政党としてとくに不安定であったことを如実に示していると同時に、ペレストロイカ期に1,000もの政党や政治運動体が誕生し、それが2001年1月現在200[13]ぐらいに減ってはいるものの、比例代表区で5％条項を導

---

[13] チャイカ法相によると、2001年1月現在56の政党と150の政治連合があるという。*Rossiiskaia gazeta*, 24/1/2001

入し、やっとこの会派数に絞り込んできた経緯がある。院内会派の多くが政党を母体に構成されているが、これら政党は国民の様々な社会グループの利益を代弁しているというよりも、全国規模（党員数上は大規模でない）または地方規模の特殊層（例えば、政府当局や新興財閥）の利益を代弁している。地域レベルにおいて政党の活動を活性化させ、国粋主義的政党を排除し、政党の資金調達に透明性を与えるため、2001年6月新政党法が上院で承認された（賛成110、反対3、棄権6）[14]。

本政党法では、政党に求める党員数を最低1万人、そして全連邦構成主体数89のうちの半分以上に支部をもち、構成主体の少なくとも46には各々100人以上、残りの構成主体には各々50人以上必要とし、人種、民族、宗教、または専門的な職種に偏って政党を構成してはならないとしている。新政党法のこのような条項にしたがい、今後、政治綱領がお互いに近い政党や政治グループが連携・統合することになるであろう[15]。本政党法は将来的に三大政党制を視野に入れて起案されていたと思われるが、院内会派は小選挙区から選出される無所属議員で構成される場合もあり、三大政党がこれら無所属議員を取り込まない限り、下院幹部ポストの配分で圧倒的な優位を維持することはできない仕組みになっている（後述、下院幹部参照）。

3．上院幹部

運営規則があっても、議会運営の方向付けを画策し、これを実行するのが議会議長および副議長であるが、なかでも議長の権限は会議を主宰したり、院内秩序を保つ組織機構上の権限だけにとどまらず、議会という政治資源を活用し政治の流れを変え得るキー・プレーヤーの一人であることである。同様に、法案の準備・策定する各常任委員会の議長も法案の性質如何では重要なプレーヤーとなり得る。

---

[14] *Rossiiskaia gazeta*, 29/6/2001
[15] 「ロシアの声」放送、2001年6月23日、『ロシア政策動向』、第20巻、12号、No.393、pp. 22-23

第2章　議員構成と院内勢力図

(1) 第1期上院議長・副議長

　上院ではまず評議会[16]が構成され、そこで議会運営の指針を決め、その他諸々の事項の調整を同評議会が議会の中心になって動いていたものと思われるが、情報不足のためここにその詳細を記述することができない。また上院での議長選出手続き規定についても情報不足のため定かでないが、94年1月13日に行われた3度目のやり直し決選投票の結果シュメイコ政府第1副首相がロマノフ化学企業長を破り（シュメイコ98票、ロマノフ52票）、上院議長に選出された。1回目の投票で過半数にあと1票と迫りながら可決されず、2度目には逆に対立候補のロマノフに1回目より9票も多く獲得され僅差に詰め寄られた。ロマノフは地方の利益代表として支持を得た。93年12月に採択された新憲法は地方の権限を削減したため、共和国や州などの間で憲法の見直しを求める機運は根強かった。そこで、シュメイコは立候補演説で議員が関心をもっている3つの点を故意に前面に出し、それを議長の努力目標として議員を説得した。つまり、彼は大統領の回し者でないが、政府活動の情報に明るいこと、つぎに上院の権限強化、とくに予算案の採択権限を下院から上院に委譲すること、そしてより地方分権を図ることを主張した。しかし、議長選出プロセスの背景では、チェルノムイルジン首相、ソスコヴェツ第1副首相、メドヴェーデフ大統領官房長官、イリューシン大統領首席補佐官、コルジャコフ大統領警護機関長官らが主に地方行政長官や国営企業長出身の議員らに具体的に追加投資、税控除、信用貸しなどの条件を提示しシュメイコ支持の票集めのため裏取引をしたと伝えられている[17]。これら報道の信憑性を調べる術はないが、報道関係の一致した意見は、大統領側近のシュメイコの議長選出は、シュメイコ自身の政治思想的指向とは何の関係もなく、彼が執行部にアクセスでき、いかなる政治資源を上院議員にオファーできるかという具体的なものだったとしている[18]。

---

[16] 上院評議会は当初6から8つの地域連合体(黒土地帯、北カフカス地域、北西地域、シベリア協定地域など)代表から構成されていたと思われる。*Federal'noe sobranie*, Moskva, 8 fevralia, p. 41

[17] *Izvestia*, 14/1/1994; *Megapolis-express*, No. 3, 19/1/1994; *Nezavisimaia gazeta*, 15/1/1994

[18] *Nezavisimaia gazeta, op. cit.*

議　　長：SHUMEIKO, Vladimir Filippovich
副議長：ABDULATIPOV, Ramazan Gadzhimuradovich
　　　　VIKTOROV, Valer'ian Nikolaevich
　　　　DOLGOLAPTEV, Anatorii, Vasil'evich（1994年10月24日任命）

　シュメイコの略歴：ロストフ・ナ・ドヌー市で1945年2月10日出生。クラスノヤルスク工業大学卒業。博士候補（理工科）。63年から電気計器工場で組立工として働く。67年入党。70～85年電気機器全ソ科学研究所クラスノダルスク技術部技師、部長、85～90年企業連合「クラスノダルスクＺＩＰ」設計係長、技師長、総支配人。90年5月、第1回人民代議員大会で民族会議メンバーに選出。90～92年最高会議経済改革・私有財産問題委員会副議長。91年11月最高会議副議長。公式的には最高会議で、いかなる代議員会派にも属していなかった。92年11月25日、政府付属産業政策評議会活動調整担当に就任。92年6月からロシア第1副首相（92年6月から鉱工業担当、92年12月から内閣実務全般・中小企業国家支援問題担当、93年4月から人事担当、93年10月から出版情報相兼務）、93年9月1日、同職務を暫定解任されたが、9月22日エリツィン大統領は同氏の復帰を決定。94年1月20日同職務解任。同年9月から政府付属監督・監視評議会議長。93年12月選挙で連邦会議議員に当選。94年1月13日連邦会議（上院）議長に就任。ロシア企業家同盟連合総裁。ＣＩＳ諸国議会間総会委員長。95年1月10日の大統領令により安全保障評議会常任メンバー（96年2月解任）。上院議員および議長解任後、96年1月、自ら率いる運動「改革－新しい政策」をロシア司法省に登録。同組織は56の地域組織をもつ。今後は公務に就かず、同組織の指導活動に専念すると発表。

　前述したように上院議員のほとんどが無所属なため政党および会派別に勢力図を画くことはできない。上院は連邦制を象徴し、第1期の議員は直接選挙で選出されたとはいえ議席は構成主体代表で埋め尽くされていたことに変わりはない。上院幹部（議会議長・副議長及び委員会議長・副議長）のなかで政党および政治運動体に所属して立候補し、当選したのはわずか4人であった。上院の仕組み上、地方の代表が上院幹部職に就いているが、民族別にみると、ロシア人であるシュメイコ上院議長をアワル人のアブドゥラチポフとチュワシ人のヴィクトロフ上院両副議長でバランスをとっているが、12の上院委員

会の議長・副議長併せて非ロシア人がわずか3人（ハカス人、イングーシ人、チュワシ人）であった。上院幹部の共通点は旧ソ連時代と比べて若く（平均年齢47歳）、全員が高等教育を受けていた。また、できるだけ各委員会の所管業務に近い分野の職業をもつ議員が選出されていた。例えば、憲法・司法問題委員会の議長・副議長とも法律実務家か法学者であり、科学・文化・教育問題委員会の議長・副議長とも地方大学学長で占められていた。多少特異な人選としては連邦問題・連邦条約・地域政策委員会の副議長2人が地方におけるロシア連邦大統領代理人（その後「大統領全権代表」に名称変更）で占められていたことである。上院幹部のなかに、地方ソビエト議長が4人ほどいたが、地方の行政長官は1人もいなかった。執行機関を監督するのが重要な議会活動の一つなので制度上外したのかもしれないが、いずれにしてもこれらの人物を兼任させるのは物理的に困難であったであろう。

(2) 第2期上院議長・副議長
議　長：STROEV, Egor Semenovich
副議長：KOROLEV, Oleg Petrovich
　　　　ZUBOV, Valerii Mikhailovich
　　　　LIKHACHEV, Vasilii Nikolaevich
　　　　KOKOV, Valerii Mukhamedovich

　ストロエフの略歴：オリョール州ホトィネツ地区で1937年2月25日に生まれる。夫人と1人娘共に現在教師。ミチューリン大学（通信制）卒業。69年ソ連共産党中央委員会付属高等教育学院卒業。ロシア農業科学アカデミー準会員。経済学博士。54～63年、コルホーズ勤務。63～65年、共産党組織の地区農業局農業専門家として働く。65～85年の間地区党委員会書記や地区執行委員会議長、州党委員会の書記などの役職を経て、85～89年、オリョール州党委第1書記を務め、89年9月～91年8月、ソ連共産党中央委員会書記（農業担当）、90年7月～91年中央委員会書記兼政治局員。89年～91年8月、ソ連最高会議代議員。ソ連共産党解散後、91～93年全ロシア果実品種改良研究所長を務め、93年4月11日、オリョール州行政長官に就任。93年12月選挙で連邦会

議議員に当選。連邦会議予算委員会委員。「黒土」地域協会会長、モスクワ「レアリスト」クラブ理事。95年5月から全ロシア社会政治運動「我が家はロシア」評議会メンバー。96年1月23日、連邦会議（上院）議長に就任。97年2月25日、60歳の誕生日に祖国功労2等勲章を授与される。2001年12月5日、上院はこの前日（4日）議長辞職願いを出し受理（5日）されたストロエフ前議長に代わり新議長を選出し、ストロエフ前議長は上院名誉議長に選出された。

　第2期上院の第1回会議がエリツィン大統領の宣言で96年1月23日開幕した。E.S.ストロエフ（オリョール州知事）、N.V.フョードロフ（チュワシ共和国大統領）、E.E.ロッセリ（スヴェルドロフスク州知事）が議長選挙に立候補したが、フョードロフとロッセリはすぐにストロエフ支持に回り、自ら立候補を取り下げた。投票結果は賛成147票（反対19票）でストロエフ[19]が圧倒的多数（定数の約80%）で議長に選出された。ストロエフは政権党といわれている「我が家ロシア」政党評議員の一員であったが、無所属として登録していた。議長選出のプロセスでストロエフ議長選出に反対意見を述べたのは当時サンクトペテルブルグ市長であったサプチャクであった。サプチャクは、ストロエフがロシア連邦共産党の票田となっている「レッドベルト」地域の一州であるオリョール州の知事であり、また旧共産党政権の指導的地位にいた人物であるとして非難した。上院議員の間ではストロエフのソ連邦時代の行政能力とオリョール州知事としてのリーダーシップを評価する者が多かったことが彼を議長に就かせた要因であるといえる。ストロエフは第1期上院で予算委員会議長を務め、議会での予算案審議過程で構成された政府・上下院間調停委員会の上院代表を務めたこともあり、新議会の発展過程の重要なプレーヤーの一人でもあった。ストロエフ自身、議会議員らを保守革新の二つに分けず、敢えて政治的に分けるとすればポピュリスト派と現実派の二つに区別していたといえる[20]。

　翌日（24日）、V.N.リハチョフ（タタールスタン共和国国家評議会議長）、O.

---

[19] *Kommersant Daily*, 21/1/1996
[20] *Moskovskie novosti*, No. 4, 28/1-4/2/1996

P. コロリョフ（リペック州議会議長）、V. M. ズボフ（クラスノヤルスク地方知事）、V. M. ココフ（カバルダ・バルカル共和国大統領）の4人を上院副議長に選出した。旧議事規則によると、副議長職は3人となっており、まずリハチョフ、コロリョフ、ズボフが選出され、議事規則を3人から4人に訂正して、ココフが選出された。96年2月6日に採択された新議事規則はそのように訂正されている。副議長の選出プロセスは何の問題もなく進行したが、ここでもサプチャクのみが共産党支配になるとしてこれら候補者に対する反対意見を述べた[21]。ストロエフ議長は副議長を選出するプロセスで地域間連合体の代表バランスに配慮したといわれている[22]。事実、これら副議長は8つの地域間連合体の代表らと協議の上ストロエフ議長が推薦した候補者であった[23]。同会議で委員会議長と委員会の構成員のほとんどが選出された。

　2002年1月1日から発足した上院新体制に向けて、上院は、2001年12月5日、セルゲイ・ミロノフ（ロシア上院憲法・司法問題委員会副議長およびサンクトペテルブルグ市立法議会代表）を新議長に、そして同年同月26日、副議長にワレリー・グレゴリャド（上院予算委員会副議長およびサハリン州行政府代表）を選出した[24]。

　　ミロノフの略歴[25]：1953年、レニングラード州プーシキン市にて出生。94年サンクトペテルブルグ市議会議員に選出。95～98年まで同市議会第1副議長。98年市議会選挙で再選され、2000年6月から同市議会副議長、後に（2001年）連邦上院議員。2000年3月の大統領選ではプーチン大統領候補の選挙本部副部長を務め、同年9月同選挙本部メンバーが創設した地域運動「ペテルブルグの意志」の議長に選出される。

---

[21] *Kommersant Daily*, 25/1/1996
[22] *Federal'noe sobranie*, Moskva, mart 1996, pp. 41-42
[23] Nikolai Petrov, "Sovet Federatsii i predstavitel'stvo interesov v Tsentre", *Regiony Rossii v 1998*, Moskva, 1999, p. 188
[24] 『ロシア政策動向』、第21巻、第4号、No. 411、pp. 13-14
[25] *Rossiiskaia gazeta*, 1/12/2001

上院は89の連邦構成主体の利益を代表する議員から構成されているが、上院幹部職をこれらすべての構成主体に分け与えるのは不可能である。ロシア連邦は1994年以降8つの地域間経済区域に分かれていたので、これら区域分けを準用し、区域別に上院幹部職の配分をみることにした。上院内の地域別区分は下記の8つに分けられるであろう。上院には院内会派が公式には存在しないので、各々8つの地域代表がおり、調整役を行っている模様である。下図は連邦構成主体の上院内での区分であるが、2002年1月1日に上院が機構的に再編され、その後の区分は7連邦管区創設（2000年5月13日付大統領令）に伴い、それに沿って再区分されることが考えられる。したがって、本文で示されている2002年1月までの上院地域別表決区分（上院表決行動地域別区分も）は下図左側の8区域に分かれている。図2には両区分が対比して示されている。

図2　上院地域区分

上院地域区分(1994-2001)　　　　　　　連邦管区区分(2000-　)

中央ロシア地域：12	中央連邦管区：18	
ブリャンスク州	ベルゴロド州	
ウラジーミル州	ブリャンスク州	
イワノヴォ州	ウラジーミル州	
カルーガ州	ヴォロネジ州	
コストロマ州	イワノヴォ州	
モスクワ州	カルーガ州	
モスクワ市	コストロマ州	
リャザン州	クルスク州	
スモレンスク州	リペツク州	
トヴェリ州	モスクワ州	
トゥーラ州	モスクワ市	連邦管区中心地
ヤロスラヴリ州　　　上院地域代表	オリョール州	
黒土地帯：6	リャザン州	

第2章 議員構成と院内勢力図

ベルゴロド州		スモレンスク州
ヴォロネジ州		タンボフ州
クルスク州		トヴェリ州
リペツク州		トゥーラ州
オリョール州	上院地域代表	ヤロスラヴリ州
タンボフ州		

北西地域：11		北西連邦管区：11
カレリア共和国		カレリア共和国
コミ共和国		コミ共和国
アルハンゲリスク州		アルハンゲリスク州
ネネツ自治管区		ネネツ自治管区
ヴォログダ州		ヴォログダ州
ムルマンスク州		ムルマンスク州
レニングラード州		レニングラード州
サンクトペテルブルグ市	上院地域代表	サンクトペテルブルグ市　連邦管区中心地
ノヴゴロド州		ノヴゴロド州
プスコフ州		プスコフ州
カリーニングラード州		カリーニングラード州

北カフカス地域：10	南（旧称：北カフカス）連邦管区：13
アドイゲア共和国	アドイゲア共和国
ダゲスタン共和国	ダゲスタン共和国
カバルダ・バルカル共和国	カバルダ・バルカル共和国
カラチャイ・チェルケス共和国	カラチャイ・チェルケス共和国
北オセチア・アラニア共和国	北オセチア・アラニア共和国
イングーシ共和国	イングーシ共和国
チェチェン共和国	チェチェン共和国

クラスノダール地方		クラスノダール地方	
スタヴロポリ地方		スタヴロポリ地方	
ロストフ州	上院地域代表	ロストフ州	連邦管区中心地
		カルムイキア共和国	
		アストラハン州	
		ヴォルゴグラード州	

沿ヴォルガ地域：13		沿ヴォルガ連邦管区：15	
カルムイキア共和国		バシコルスタン共和国	
タタールスタン共和国		マリー・エル共和国	
アストラハン州		モルドヴァ共和国	
ヴォルゴグラード州		タタールスタン共和国	
ペンザ州		ウドムルト共和国	
サマラ州	上院地域代表	チュヴァシ共和国	
サラトフ州		キーロフ州	
ウリャノフスク州		ニージニー・ノヴゴロド州	連邦管区中心地
マリー・エル共和国		オレンブルグ州	
モルドヴァ共和国		ペンザ州	
チュヴァシ共和国		ペルミ州	
キーロフ州		サマラ州	
ニージニー・ノヴゴロド(ニジェゴロド)州		サラトフ州	
		ウリャノフスク州	
		コミ・ペルミャク自治管区	

ウラル地域：8		ウラル連邦管区：6	
バシコルスタン共和国		クルガン州	
ウドムルト共和国		スヴェルドロフスク州	連邦管区中心地

第2章 議員構成と院内勢力図

クルガン州	チュメニ州
オレンブルグ州	チェリャビンスク州
ペルミ州	ハントィ・マンシ自治管区
コミ・ペルミャク自治管区	ヤマロ・ネネツ自治管区
スヴェルドロフスク州　　上院地域代表	
チェリャビンスク州	

シベリア地域：19	シベリア連邦管区：16
アルタイ共和国	アルタイ共和国
アルタイ地方	ブリャーチア共和国
ケメロヴォ州	トィヴァ共和国
ノヴォシビルスク州	ハカシア共和国
オムスク州　　　　　　上院地域代表	アルタイ地方
トムスク州	クラスノヤルスク地方
チュメニ州	トムスク州
ハントィ・マンシ自治管区	イルクーツク州
ヤマロ・ネネツ自治管区	ケメロヴォ州
ブリャーチア共和国	ノヴォシビルスク州　　連邦管区中心地
トィヴァ共和国	オムスク州
ハカシア共和国	チタ州
クラスノヤルスク地方	アガ・ブリャート自治管区
タイムイル(ドルガン・ネネツ)自治管区	タイムイル(ドルガン・ネネツ)自治管区
エヴェンク自治管区	ウスチ・オルダ＝ブリャート自治管区
イルクーツク州	エヴェンク自治管区
ウスチ・オルダ＝ブリャート自治管区	
チタ州	
アガ・ブリャート自治管区	

75

極東地域：10	極東連邦管区：10
サハ（ヤクーチア）共和国	サハ（ヤクーチア）共和国
ユダヤ自治州	ユダヤ自治州
チュクチ自治管区	チュクチ自治管区
沿海州	沿海州
ハバロフスク地方　　上院地域代表	ハバロフスク地方　　連邦管区中心地
アムール州	アムール州
カムチャツカ州	カムチャツカ州
コリャーク自治管区	コリャーク自治管区
マガダン州	マガダン州
サハリン州	サハリン州

出所：*Moskovskie novosti*, 22-29/12/1996；2000年5月13日付ロシア連邦大統領令第849号

（3）上院評議会

　上院評議会は上院議長、副議長、それに上院委員会議長の16人で構成されている。上院評議会（SOVET PALATY V SOVETE FEDERATSII）は2年間の暫定期間が終えた新会期の1996年1月23日正式に招集された。評議会の権利義務については上院運営規則2－1章12条に定められている[26]。その機能は下院評議会と同じく、議事日程、議題選定、報告者リストなどを決定する重要な機関である。2000年2月1日現在の構成は下記のようになっている。

上院評議会構成員（2000年2月1日現在）
STROEV, E. S.: 上院議長、オリョール州行政長官（黒土地帯）
VARNAVSKII, V. A.: 上院副議長、オムスク州議会議長（シベリア）
KOKOV, V. M.: 上院副議長、カバルダ・バルカル共和国大統領（北カフカス）

---

[26] 1999年採択の議会手続き規定。*Politika*, 8/9/2000, http://www.cityline.ru/politika/fs/

第2章 議員構成と院内勢力図

KOROLEV, O. P.: 上院副議長、リペツク州議会議長（黒土地帯）
PLATONOV, V. M.: 上院副議長、トヴェリ州行政長官（中央ロシア）
BOGOMOLOV, O. A.: ＣＩＳ問題委議長、クルガン州行政長官（ウラル）
MERKUSHKIN, N. I.: 議会手続委議長、モルドヴァ共和国元首（沿ヴォルガ）
NAZAROV, A. V.: 北方少数民族委議長、チュクチ自治管区行政長官（極東）
PRUSAK, M. M.: 国際問題委議長、ノヴゴロド州行政長官（北西地域）
SAVCHENKO, E. G.: 農業政策委議長、ベルゴロド州行政長官（黒土地帯）
SKLIAROV, I. P.: 連邦問題委議長、ニージニー・ノヴゴロド州行政長官（沿ヴォルガ）
SUDARENKOV, V. V.: 科学文化委議長、カルーガ州議会議長（中央ロシア）
TITOV, K. A.: 予算委議長、サマラ州行政長官（沿ヴォルガ）
TORLOPOV, V. A.: 社会政策委議長、コミ共和国議会議長（北西地域）
SHABANOV, I. M.: 安保問題委議長、ヴォロネジ州行政長官（黒土地帯）
IAKOVLEV, V. A.: 経済改革委議長、サンクトペテルブルグ市市長（北西地域）

　上院評議会での地域別代表の数の重みに次のような差が出ている。黒土地帯4、沿ヴォルガ3、北西地域3、中央ロシア2、ウラル地域1、極東地域1、シベリア1、北カフカス1。利害関係が複雑な沿ヴォルガおよび北西地域から比較的多くの代表が評議会にいるのは理解できる一方、6つの構成主体からなる黒土地帯から4構成主体も代表が送り込まれているのは不可解であるが、ストロエフ議長を除けば黒土地帯から3人ということになる。

表17　上院・委員会＊幹部地域別配分

		議長	副議長	副議長	副議長
連邦会議	I	カリーニングラード	ダゲスタン	チュヴァシ	モスクワ州
	II	オリョール	リペツク	クラスノヤルスク	タタールスタン
			カバルダ・バルカル		

77

委員会	期				
連邦問題	I	サマラ			
	II	ノヴォシビルスク	スモレンスク	アルハンゲリスク	
予算	I	モスクワ市			
	II	サマラ	マガダン	カレリア	チュメニ
			アルタイ		
憲法問題	I	イングーシ			
	II	モスクワ市	サンクトペテルブルグ		
経済改革	I	ペルミ			
	II	レニングラード	ニジェゴロド	モルドヴァ	ペルミ
			プスコフ		
議会手続	I	ニジェゴロド			
	II	トゥーラ	トィヴァ		
CIS問題	I	レニングラード			
	II	クルガン	スモレンスク	ロストフ	カレリア
国際問題	I	ウドムルト			
	II	キーロフ	ダゲスタン	トムスク	チュヴァシ
安保問題	I	ブリャンスク			
	II	タンボフ	ハバロフスク	ヴォロネジ	
科学文化	I	リャザン			
	II	カルーガ	カムチャツカ	アドイゲア	
社会政策	I	スヴェルドロフスク			
	II	コミ	オリョール	ニジェゴロド	アガ・ブリャート
農業政策	I	アストラハン			
	II	ベルゴロド	ブリャーチア	イワノヴォ	
北方少数民族	II	チュクチ	タイムイル	コリャーク	マガダン

注：*1）第1期時の委員会名が第2期に改称された委員会は以下の通りである。予算委員会が予算、税制、財政、通貨発行、関税規則委員会；経済改革委員会が経済政策問題委員会；科学、文化、教育問題委員会が科学、文化、教育、保健、環境委員会；社会政策、住民の社会的保護委員会が社会政策問題委員会。

2）Ⅰは第1期（1994年1月現在）を示し、Ⅱは第2期（1996年1月現在）

を示す。
出所：主に、*Federal' noe sobranie*, Spravochnik, Panorama, Moskva, 1994; 同, 1996, そして他の新聞資料などを追加して再編

　表17は連邦会議および委員会幹部が代表している構成主体名であるが、第1期の委員会の場合、議長のみが公表されているので副議長の構成主体名は定かでない。したがって、第2期（1996年1月現在）の委員会幹部職を地域的に配分し数値で示すと表18のようになる。

表18　幹部職委員会内地域別配分

地域名	議長数	機関名	議長数	機関名
中央ロシア（12）	3	憲法問題委 議会手続委 科学文化委	3	連邦会議 CIS委 農業政策委
黒土地帯　（6）	2	連邦会議 安保問題委	2	連邦会議 安保問題委
北西　　　（11）	7	経済改革委 社会政策委	5	連邦問題委 予算委 憲法問題委 経済改革委 CIS委
北カフカス（10）			4	連邦問題委 CIS委 国際問題委 科学文化委
沿ヴォルガ（13）	2	予算委 国際問題委	5	連邦会議 経済改革委×2 社会政策委 国際問題委
ウラル　　（8）	1	CIS委	1	経済改革委
シベリア　（19）	1	連邦問題委	8	連邦会議 予算委×2 議会手続委 国際問題委

					社会政策委 農業政策委 北方少数民族委
極東	(10)	1	北方少数民族委	5	予算委 安保委 科学文化委 北方少数民族委

　議長職だけの地域的特徴は北方少数民族委員会と連邦問題委員会を除き他の委員会議長はウラル地域を含めたロシア地域（北西、沿ヴォルガ、中央、ウラル）の構成主体の代表が務め、北カフカス地域から議長職を務める代表が出ていない。

（4）上院委員会構成

　第2期の委員会の数は第1期と同じであるが、委員会名の改称を含む若干の改組があった。委員会構成員数の総計が第1期は156人であったが、第2期には上院議員全員がいずれかの委員会の構成メンバーとなった。

　第1期の上院の平均年齢は49歳であったが、それを大幅に越えた平均年齢の委員会は農業政策委員会（53歳）であり、反対に下回ったのが憲法問題委員会（41歳）で、両委員会間の平均年齢差は10歳以上にもなった。第2期では上院平均年齢（52歳）が第1期より若干上がったものの、委員会間では第1期ほど差がない。

表19　年齢別構成：第1期（1994年1月現在）

年齢別	上院	委議長	連邦	予算	憲法	経済	議会規	CIS	国際	安保	教育	社会	農業	民族
30歳以下	2%	…	…	3%	…	…	…	…	7%	…	…	11%	…	…
31－40	15%	9%	5%	19%	36%	…	22%	22%	27%	21%	…	22%	6%	11%
41－50	42%	73%	38%	49%	27%	40%	56%	44%	20%	50%	56%	22%	25%	67%
51歳以上	39%	18%	52%	27%	9%	60%	22%	33%	47%	29%	44%	44%	69%	22%
不明	3%	…	5%	3%	27%	…	…	…	…	…	…	…	…	…

第 2 章　議員構成と院内勢力図

合計*	100 (178)	100 (12)	100 (21)	100 (37)	100 (11)	100 (10)	100 (9)	100 (9)	100 (15)	100 (14)	100 (9)	100 (9)	100 (16)	100 (9)
平均年齢	49	47	51	47	43	51	48	45	47	46	50	47	53	47
女性比率	5%	8%	5%	3%	9%	…	11%	11%	7%	…	11%	22%	…	…

注：*%（　）内の数値は構成員数

表20　年齢別構成：第2期（1996年1月現在）

年齢別	上院	委議長	連邦	予算	憲法	経済	議会規	CIS	国際	安保	教育	社会	農業	民族
31-40	9%	…	6%	…	20%	17%	…	9%	17%	7%	…	13%	7%	15%
41-50	45%	54%	31%	52%	40%	42%	75%	45%	33%	40%	70%	53%	40%	54%
51歳以上	44%	46%	63%	48%	40%	42%	25%	45%	50%	53%	30%	33%	53%	31%
不明	2%	…	…	…	…	…	…	…	…	…	…	…	…	…
合計*	100 (178)	100 (12)	100 (16)	100 (27)	100 (15)	100 (12)	100 (12)	100 (11)	100 (18)	100 (15)	100 (10)	100 (15)	100 (15)	100 (13)
平均年齢	51	52	53	53	50	51	48	51	51	52	50	49	49	48
女性比率	1%	…	…	1 (4)	…	…	…	…	…	…	…	…	…	…
継続者数 (率)*	62 (35)	…	4 (25)	4 (15)	1 (7)	…	…	4 (36)	4 (22)	5 (33)	2 (20)	…	…	3 (24)
継続者数 (率)**	93 (52)	4 (36)												
継続者数 (率)***	46 (26)	…												

注：*　1996年1月時上院/委員会構成定員中、第1期からの継続者数（率）を示す
　　**　2000年1月時上院/委議長構成定員中、1996年1月時からの継続者数(率)を示す
　　***2000年1月時上院/委議長構成定員中、1994年1月時からの継続者数(率)を示す

　学歴は委員会間で異なるが、ほとんど全員が大学卒であり、異なるのは高等教育歴の内容である。委員会メンバーのなかで、とくに高学歴（大学院卒）なのは12人の委員会議長（54％）と科学文化委員会（66％）のメンバーである。

表21　学歴別構成：第1期

学歴	上院	委議長	連邦	予算	憲法	経済	議会規	CIS	国際	安保	教育	社会	農業	民族
中／高卒	…	…	…	…	…	…	…	…	…	…	…	…	…	…
大学中退	1%	…	5%	…	…	…	…	…	…	…	…	…	…	…
大学卒	72%	45%	71%	78%	64%	70%	56%	78%	80%	64%	33%	78%	63%	89%
博士候補	17%	36%	19%	14%	…	20%	22%	11%	7%	29%	33%	11%	19%	11%
博士	8%	18%	…	5%	9%	10%	22%	…	13%	7%	33%	11%	19%	…
不明	3%	…	5%	3%	27%	…	…	11%	…	…	…	…	…	…
合計	100 (178)	100 (12)	100 (21)	100 (37)	100 (11)	100 (10)	100 (9)	100 (9)	100 (15)	100 (14)	100 (9)	100 (9)	100 (16)	100 (9)

表22　学歴別構成：第2期＊

学歴	上院	委議長	連邦	予算	憲法	経済	議会規	CIS	国際	安保	教育	社会	農業	民族
中／高卒	1%	…	…	…	…	…	…	…	…	7%	…	…	…	…
大学中退	1%	…	6%	…	…	…	…	…	…	…	…	…	…	…
大学卒	49%	77%	56%	74%	47%	58%	17%	55%	50%	53%	60%	53%	53%	69%
博士候補	9%	8%	6%	…	13%	8%	8%	9%	17%	27%	…	13%	13%	8%
博士	2%	…	…	…	7%	8%	…	11%	…	…	…	…	…	…
不明	38%	15%	31%	26%	33%	25%	75%	36%	22%	13%	40%	33%	33%	23%
合計	100 (178)	100 (12)	100 (16)	100 (27)	100 (15)	100 (12)	100 (12)	100 (11)	100 (18)	100 (15)	100 (10)	100 (15)	100 (15)	100 (13)

注：＊表22と24でもわかる通り第2期の上院議員個人情報（委員会議長を除く）の約3割以上が年齢を除き不完全である。とくに学歴専門分野に関する情報が不完全である。しかし、多少なりとも傾向をつかむため、あえてここに作表した。

　第2期の学歴は情報不足で不完全であるが、比較的その問題が生じない12人の委員会議長を含め、全体として大学院教育を受けた議員は減少傾向にある。ということは構成主体の行政長官や議会議長は第1期選挙で選出された議員よりも教育歴で劣るのであろうかという疑問が出てくる。

第2章 議員構成と院内勢力図

　第1期の多くの委員会で、学歴専門分野のなかで高率を示していたのがほぼ旧ソ連時代からの伝統的専門分野である農学と理工科であった。しかし、憲法問題委員会では法学（36%）を、経済政策委員会では経済学（30%）を、農業委員会では農学（81%）を専攻した構成員が多く、これら委員会では関連専門知識をもつ議員を必要視していたのがわかる。第2期は議員個人情報の資料不足にもかかわらず、これら委員会では同じような傾向を示している。12人の委員会議長の専門分野は従来の農学と理工科に代わり、経済学や国際関係などになりつつある。興味深いことに国際問題委員会と社会政策委員会

表23　学歴専門分野別構成：第1期

学歴専門分野	上院	委議長	連邦	予算	憲法	経済	議会規	CIS	国際	安保	教育	社会	農業	民族
コミュニケーション	1%	…	…	…	…	…	…	…	…	…	…	11%	…	…
医学	3%	9%	…	…	…	…	…	11%	7%	…	11%	22%	…	…
教育	2%	…	10%	…	…	…	11%	…	…	…	11%	…	…	…
軍事	2%	9%	…	…	…	…	…	…	…	21%	…	…	…	…
経済学	11%	9%	…	24%	…	30%	11%	…	20%	7%	11%	…	13%	11%
警察／内務	1%	…	5%	3%	…	…	…	…	…	…	…	…	…	…
社会学	1%	…	…	…	…	10%	…	…	…	…	…	…	…	…
職業技術	8%	18%	5%	8%	9%	…	…	11%	7%	…	…	22%	…	33%
政治・国際関係	7%	…	10%	3%	9%	10%	11%	11%	7%	…	22%	22%	6%	11%
農学	25%	9%	24%	32%	9%	10%	22%	11%	27%	29%	…	…	81%	11%
文学・語・哲学	3%	…	…	…	…	11%	11%	…	7%	22%	…	…	…	…
法学	6%	9%	10%	…	36%	10%	11%	…	20%	7%	…	…	…	…
理工科	22%	36%	33%	27%	9%	30%	22%	22%	13%	14%	11%	22%	…	33%
歴史	2%	…	…	…	…	…	…	…	…	…	11%	…	…	…
不明	6%	…	5%	3%	27%	…	22%	…	…	14%	…	…	…	…
合計	100 (178)	100 (12)	100 (21)	100 (37)	100 (11)	100 (10)	100 (9)	100 (9)	100 (15)	100 (14)	100 (9)	100 (9)	100 (16)	100 (9)

表24 学歴専門分野別構成：第2期

学歴専門分野	上院	委議長	連邦	予算	憲法	経済	議会規	CIS	国際	安保	教育	社会	農業	民族
教育	2%	9%	…	…	7%	…	…	…	…	…	7%	…	…	…
医学	1%	…	…	…	…	…	…	…	…	…	…	…	…	…
軍事	4%	…	6%	…	…	…	…	…	…	13%	…	…	…	…
経済学	7%	18%	…	7%	7%	17%	…	6%	…	…	…	…	13%	…
警察/内務	1%	…	…	…	…	…	…	…	…	…	…	7%	…	8%
職業技術	2%	9%	…	4%	…	…	18%	…	7%	…	…	…	…	8%
政治・国際関係	4%	18%	6%	…	7%	…	…	…	17%	…	20%	…	…	…
農学	15%	…	31%	19%	7%	8%	…	9%	17%	33%	10%	13%	33%	8%
文学・言語・哲学	1%	…	…	…	…	8%	…	9%	11%	7%	…	…	…	…
法学	3%	9%	13%	…	27%	…	8%	…	6%	7%	…	…	…	…
理工科	12%	9%	…	22%	7%	25%	…	9%	6%	13%	10%	20%	7%	15%
歴史	1%	…	…	…	…	…	…	…	39%	…	10%	53%	…	…
不明	49%	27%	44%	48%	40%	50%	83%	55%	…	20%	50%	…	47%	62%
合計	100 (178)	100 (12)	100 (16)	100 (27)	100 (15)	100 (12)	100 (12)	100 (11)	100 (18)	100 (15)	100 (10)	100 (15)	100 (15)	100 (13)

には歴史学を専攻した議員が多い。といっても、前述したように大学院教育を受けた議員が減少しているので、ここでもゼネラリスト傾向がみられるといえるであろう。

　第1期上院議員選出時の職業で圧倒的に多いのは行政官と議会関係者である。ただし、これら関係者の所属レベルは上院の各機関の管轄分野によってその特徴が出ている。例えば、上院委員会議長は連邦レベルの行政官と州・地方レベルの議会議長（あわせて60％以上）が、連邦問題、予算、ＣＩＳ問題、国際問題、北方少数民族委員会などには州・地方レベルの行政官（いずれも40％以上）が、そして科学文化委員会には教育研究関係者（44％）がこれら委

員会メンバーに就いていた。第2期の上院議員からは89の連邦構成主体各々から行政の長と議会議長の2人が代表となっているので、このような分析は上院の再編成が完了するまでできない。

表25　議員選出時職業別構成：第1期

当選時役職	上院	委議長	連邦	予算	憲法	経済	議会規	CIS	国際	安保	教育	社会	農業	民族
連邦行政官	7%	27%	10%	3%	9%	20%	22%	…	7%	7%	…	…	13%	…
共和国行政官	11%	…	5%	8%	…	30%	…	11%	20%	21%	22%	11%	13%	…
地方行政官	34%	…	57%	41%	9%	…	…	44%	47%	29%	11%	22%	19%	56%
共和国議会関係者	8%	…	10%	…	9%	…	22%	22%	…	…	…	…	6%	11%
地方議会関係者	10%	36%	…	19%	…	…	11%	22%	7%	14%	22%	22%	13%	11%
マスコミ関係者	2%	…	…	…	…	…	11%	…	…	…	…	11%	…	…
医療関係者	2%	…	…	…	…	…	…	…	7%	…	…	11%	…	…
教育研究関係者	6%	9%	…	3%	9%	10%	22%	…	…	7%	44%	…	6%	…
農工産業関係者	11%	9%	…	22%	9%	20%	11%	…	7%	14%	…	11%	25%	22%
司法関係者	2%	9%	5%	…	…	…	…	…	7%	…	…	…	…	…
その他	5%	9%	10%	3%	27%	…	…	…	…	7%	…	11%	6%	…
不明	3%	…	5%	3%	27%	20%	…	…	…	…	…	…	…	…
合計	100 (178)	100 (12)	100 (21)	100 (37)	100 (11)	100 (10)	100 (9)	100 (9)	100 (15)	100 (14)	100 (9)	100 (9)	100 (16)	100 (9)

4．下院幹部

(1) 第1期下院議長・副議長

　議会のリーダーシップの行方をみるとき、院内の要職をどの政治勢力が握るかに注目するのは当然である。議会活動が始動する前に登録された会派の代表からなる会派評議会で、下院委員会議長および副議長の会派間の配分が検討される。第1期には、議長席をめぐり、ジリノフスキーと他の会派代表が紛糾し、下院書記局暫定議長であるスタンケヴィッチ（ロシア統一合意党）とロシア民主党会派代表トラフキンらの仲裁を経て事態が収拾された。この評議会では、また各派が推薦した議長候補者につき検討し最終的に絞り込むまでに至らなかったが、この場を借りてかなりの調整がなされた模様である[27]。投票前に議長候補者が次々に立候補を辞退し、第1回の投票でロシア農業党推薦のルイプキンと「ロシアの道」推薦のウラソフに絞られた。決選投票前にロシア民主党、共産党、農業党間のブロックが結成され、またウラソフ自身も自分はルイプキンに投票するので自分への支持者はルイプキンに投票するようにと呼びかけ、ルイプキンは保守票（223票）を集め、かろうじて議長に選出された（最低222票必要）[28]。

　94年1月17日に会派評議会は下院の指導機関である国家会議評議会の構成員を15人とすることに決定した。下院は国家会議評議会の運営手続きに関する暫定規定を可決し、また第1副議長1人を含め5人の副議長を置くことに決定した。

　下院幹部ポストの配分をみてみると、一つの会派やブロックによって議会運営が支配されないよう気配りされているのがわかる。例えば、農業党／共産党ブロックから推されたルイプキン下院議長は「ロシアの選択」のミチューコフ副議長、それにミチューコフと同じく「ロシアの選択」のバウエル下院

---

[27] *Sevodnia*, 13/1/1994
[28] *Rossiiskie vesti*, 15/1/1994

第2章　議員構成と院内勢力図

活動組織委員会議長によって平衡を保たれ、他の下院委員会も同じような保革均衡のルールを議長や副議長だけでなく全体の構成に適用している。ただし、院内会派のそれぞれの議員数の重みは当然これらの構成に反映されている[29]。

　議　　長：RYBKIN, Ivan Petrovich（ロシア農業党）
　第1副議長：MITIUKOV, Mikhail Alekseevich（ロシアの選択）
　　　副議長：KOVALEV, Valentin Alekseevich（ロシア連邦共産党）
　　　　　　　FEDULOVA, Alevtina Vasil'evna（ロシアの女性）
　　　　　　　VENGEROVSKII, Aleksandr Dmitrievich（ロシア自民党）
　　　　　　　CHILINGAROV, Altur Nikolaevich.（新地域政策）［94年6月10日任命］
　　注：（　）内は所属院内会派名

　ルイプキンの略歴：1946年10月20日ヴォルゴグラード州で農民の家庭に生まれる。68年ヴォルゴグラード農業大学卒。博士候補（農業）。また後年、ソ連共産党中央委員会付属社会科学アカデミーとロシア外務省外交官養成大学にて学ぶ。24年間、大規模機械化農業生産の専門家として活動。農業機械の信頼性に関する学術的論文や著作、小冊子が150点を超える。68～69年ヴォルゴグラード州コルホーズ技師長。69～70年ソ連軍で兵役に服す。70～87年ヴォルゴグラード農業大学助手、上級講師、助教授、畜産機械化・自動化講座主任、機械学部副部長。83年ヴォルゴグラード農業大学党組織書記。90年3月ロシア共和国人民代議員に当選。代議員選出時は、地区党委第1書記、その後州党委第2書記、州党委組織・党活動部局長、ロシア共和国共産党中央委員会部局長。91年秋、社会主義労働者党の創設に積極的に参加したが、93年2月のロシア連邦共産党中央執行委員会委員に選出された後同党を離党。92年12月、第7回人民代議員大会で共和国会議メンバーに当選。ロシア連邦最高会議代議員ソビエトの活動および自治の発展に関する委員会の常任メンバーとして活躍。議員グループ「ロシア共産主義者」を率いる。93年10月のモスクワ騒乱後、ロシア農業省水利事

---

[29] *Kommersant Daily*, 19/1/1994

業総局次長。93年12月の選挙で農業党から第1期国家会議議員に選出される。94年1月14日、国家会議議長就任（95年12月解任）。

［下院議長就任後の略歴］　勤労者社会党共同議長。94年3月1日から96年2月12日までロシア連邦大統領付属人事政策評議会委員。95年1月10日の大統領令により安全保障評議会常任メンバー（96年2月解任）。ロシア農業党会派のメンバー。95年12月の第2期下院選挙を前にして同年8月「イワン・ルイプキン・ブロック」を結成。95年12月下院選挙では、ヴォロネジ州アンナ選挙区（1人区）から出馬、当選。議会では無会派。第2期下院国際問題委員会メンバー。96年1月、第2期下院議長を選ぶ選挙で「我が家ロシア」などの支持を得たが、共産党のセレズニョフ議員に敗れる。96年4月12日、自ら結成した新政党「ロシア社会党」をロシア司法省に登録。96年6月26日ロシア連邦大統領付属政治諮問評議会議長。同年10月19日、ロシア連邦安全保障会議書記及びチェチェン共和国担当ロシア連邦大統領全権代表。同年11月16日、国防評議会メンバーとなる。97年3月、チェチェン共和国問題担当連邦委員会議長に就任。同年10月8日、チェチェン共和国担当ロシア連邦大統領全権代表職から解任されるが、解任後も連邦中央対チェチェン共和国交渉委員会を率いる。98年3月2日、連邦副首相（CIS問題担当）に任命され、同時に安全保障評議会書記解任。98年3月23日、チェルノムイルジン内閣総辞職により、副首相職解任。

（2）第2期下院議長・副議長

1996年1月16日、下院第2期第1回会議が開催され、議長選挙が行われた。G.N.セレズニョフ（ロシア連邦共産党員、元プラウダ紙編集長）、I.P.ルイプキン（「我が家ロシア」所属、前下院議員）、V.P.ルキン（「ヤブロコ」所属、前下院国際問題委議長）、V.V.ジリノフスキー（ロシア自由民主党党首）の4人が立候補したが、ジリノフスキーがすぐに大統領選出馬を理由に立候補を撤回したため3人で争った。初回の投票で3人とも当選に必要な票数（226票）を獲得できず、セレズニョフとルイプキンの2人の間で決選投票が17日行われ、セレズニョフが231票を獲得し選出された。

18日の下院会議で5人の副議長が選出された。副議長選挙の前に下院評議会は各会派から1人ずつ候補者を出すことと、民族問題所任の副議長をいずれ置くこととした。下院評議会はまた第1副議長職には与党会派「我が家ロ

シア」代表が就くこととした[30]。院内会派構成に必要定員（35人）を満たした政治グループは、ロシア連邦共産党、ロシア自由民主党、「我が家ロシア」、「ヤブロコ」、「農工代議員グループ」、「人民に権力を」、「ロシアの地域」であったが、「農工代議員グループ」は民族問題所任の副議長職の設置が明らかになるまで、この権利を放棄するとした。「ヤブロコ」はこの方法では、下院幹部会（議長と副議長で構成）にロシア連邦共産党代表を2人置くことになり、下院規則第8条に違反するとして抗議し副議長候補者を立てなかったが、下院はこの抗議を多数決で却下し、同時に「ヤブロコ」代表の副議長席を空席とした。同年3月20日開催の下院会議で、「ヤブロコ」は6人目の副議長候補を立て承認された。そして同月22日「ロシアの地域」は民族問題所任の7人目の副議長候補としてラマザンG．アブドラチポフを立てたが却下された。

議　長：SELEZNEV, Gennadii Nikolaevich（ロシア連邦共産党）
第1副議長：SHOKHIN, Aleksandr Nikolaevich（我が家ロシア）
　　副議長：GORIACHEVA, Svetlana Petrovna（ロシア連邦共産党）
　　　　　　GUTSERIEV, Mikhail Safarbekovich（ロシア自民党）
　　　　　　CHILINGAROV, Artur Nikolaevich（ロシアの地域）
　　　　　　BABURIN, Sergei Nikolaevich（人民に権力を）
　　　　　　IUR'EV, Mikhail Zinov'evich（ヤブロコ）
　注：（　）内は所属院内会派名

　セレズニョフの略歴：1947年11月6日スヴェルドロフスク州北部の都市セローフで生まれる。63年レニングラードで職業技術学校を卒業し、64年レニングラード国立大学ジャーナリズム学部卒業。64年からレニングラードの企業で旋盤工。66～68年、兵役に就く。68年からレニングラードでコムソモール活動に従事し、コムソモール地区委員会の指導員、部長、レニングラード州委員会

---

[30] *Sevodnia*, 19/1/1996

の指導員、部長、レニングラード州委員会の副部長などを経て74年から州の新聞「スメーナ」の副編集長、75年から編集長。80年全ソ・コムソモール中央委員会宣伝扇動部第1副部長。80年から8年間、「コムソモリツカヤ・プラウダ」紙編集長、その後、教員新聞編集長を務め、91年に「プラウダ」紙副編集長、同年編集長に昇格する。92年9月1日「プラウダ・インターナショナル」副社長。95年3月～96年1月、「プラウダ・ロシア」紙編集長。70年から91年ソ連共産党活動停止まで党員（90年7月から中央委員）。93年12月、第1期国家会議（下院）議員に選出され、94年1月、下院情報政策・通信委員会副議長になる。ロシア連邦共産党会派のメンバー。95年1月、ロシア連邦共産党書記。同月25日下院副議長。95年12月第2期下院議員に立候補し、ロシア連邦共産党より比例区当選。96年1月17日、下院議長に就任。96年5月、ロシア連邦共産党中央委員会非公開会議で、下院議長として職務多忙のため党中央委員会書記を解任。第2期下院評議会員。

　96年1月19日、下院は28の常任委員会と代議員資格審査委員会からなる下院の構成を承認し、各委員会の議長を選出した。下院評議会は事実上すべての常任委員会議長と常任委員会構成員の会派間の配分について事前に合意をとりつけ、これらポストの候補者らが下院で承認された。ポスト配分は会派を単位とするので、誰がどのポストに就くのかは、各会派内部で決められている。ポスト配分の非公式なメカニズムは極めて単純である。共産党会派は9つの委員会と代議員資格審査委員会の議長職を占め、「我が家ロシア」、自由民主党、「ヤブロコ」の代表は4つの議長職を得た。上記4つの政治グループは下院選比例代表区で5％条項をクリアしたグループであり、会派構成の必要定員数にかかわらず、会派として登録された。これら4つのグループ間では選挙後の下院の議席数にしたがい議長ポストの再配分をしたのであるが、共産党などは第1期で得た議長職数に、第2期ではすでに消滅しているグループの議長ポストを加えたり、これら会派間で議長ポストを交換している。議員グループ「人民に権力を」の代表は3つの委員会、「農工代議員グループ」と「ロシアの地域」はそれぞれ2つの委員会議長ポストを得た。当時の会派間合意事項のなかで重要な点は、主要議長ポストの継続性の原則を遵守すること、議長ポストを得た議員が会期半ばで所属会派を離脱した場合

第2章　議員構成と院内勢力図

議長職を失うこと、そして2カ月ごとに会派登録をし35人の最低限必要定員に満たない会派は委員会議長ポストの代表権を喪失する（但し、下院選比例区で5％条項をクリアした会派を除く）としたことである[31]。したがって、第1・2期連続して同じ会派が占めた主要委員会議長ポストはロシア共産党が安全保障委、社会団体・宗教組織委、代議員資格審査委であり、自由民主党が労働・社会的支援委、工業・建設・運輸・エネルギー委、地政学委であり、「ヤブロコ」は予算・税金・銀行・財政委、国際問題委であった。第2期の与党会派としての「我が家ロシア」が、第1期で消滅した与党会派「ロシアの選択」の代表権を継承しているとみなせば、国防委議長ポストが同会派の主要委員会ポストとみなすことができる。

　会派間のポスト配分の非公式合意は97年12月末日までが有効期限であったため、新たな合意内容が話題に上った[32]。合意見直しの理由は、有効期限の問題以外にも、これまでの合意内容自体にも問題があり、また下院の存在感が政治システムのなかで増せば増すほど会派間では議長ポスト再配分を巡る駆け引きが表出してきたことである。例えば、97年9月レフ・ロフリン国防委員会議長が所属していた「我が家ロシア」から除籍された後、同委員会議長職に居残っていたこと、97年11月ミハイル・ザドルノフ（「ヤブロコ」所属）予算・租税・銀行・金融委員会議長が蔵相に任命された後、重要な国家財政事項が集中していた同委員会を2つに分割する要請がロシア連邦共産党から提案されていたことである。つぎに、12名以下になった常任委員会は廃止されるという院内規定により、当時6つの委員会がその対象になっていた。その中にはロシア連邦共産党が議長ポストをもっているものがほとんどであったが、共産党は弱小な委員会を手放すことによって、より重要な委員会を獲得しようとしていた[33]。各会派の所属人数に応じて委員会議長職を配分するという原則を維持し、今後どのような配分合意がされるか当時（98年8月時）

---

[31] *Kommersant Daily*, 20/1/1996
[32] *Izvestia*, 17/9/1997
[33] *Kommersant Daily*, 4/12/1997

定かでなかった。

（3）第3期下院議長・副議長

　2000年1月15日、下院の会派および議員グループの指導者が会議を催し、次の取り決めをした。同月18日に予定されていた第3期下院第1回本会議の開会と運営規則、議員資格委員会の設置、常任委員会数の縮小、また下院議長に院内最大会派の共産党の代表が選出された場合、第一副議長に与党会派「統一」の代表が就任することで合意した。しかし、議長候補者については合意できなかった。同月18日第3期下院第1回本会議が開催されたが、議長ポストをめぐって会派間の対決姿勢があらわになった。与党勢力「統一」、無所属議員で構成されたグループ「人民代議員」、それに自由民主党はそれぞれの候補者を取り下げ、これら会派が共産党の推す前議長セレズニョフを支持したことに対し、「右派勢力同盟」、「祖国・全ロシア」、「ヤブロコ」の3会派、それに「ロシアの地域」の議員グループが、これを共同謀議であるとして投票に参加せず議場から退場してしまった。それでも、賛成285、反対2、棄権7で可決したことは、与党会派「統一」と下院最大会派共産党が協力すれば強力な連合体になることをみせつけた。退場したこれら会派は18日の本会議後調整評議会（12人構成：各会派2名代表と各会派代表者）を設置したが、19日開催の同評議会に議員グループ「ロシアの地域」は参加しなかった（この時点では「ロシアの地域」はまだ会派として認知されていなかった）。19日、これら不満をもつ会派が不参加のまま、下院本会議が開催され、下院副議長候補者承認と、26（後に27に変更）の常任委員会と代議員資格審査委員会からなる下院の構成を承認し、各委員会の議長候補者を承認した。下院評議会はすべての下院副議長と常任委員会議長の会派間の配分について事前に合意（1月17日）していたが、不参加の会派に配分されたこれらポストの候補者が会派から提出されなかったので空席のまま残った。26常任委員会のうち、10常任委員会の構成メンバーが同月26日の本会議で承認された[34]。

---

[34] *Rossiiskaia gazeta*, 18/1/2000-26/1/2000

第2章　議員構成と院内勢力図

　全会派参加の本会議開催は2月9日であったが、それまで下院議長と上記調整評議会の間で本会議ボイコット中止条件の取り引きが水面下で行われていた模様である。とくに、同調整評議会は常任委員会ポストの再配分、「議員の地位に関する法」の特典関連部分の見直し、土地法典や税法典第2部などの法案、そして第2次戦略兵器削減条約（START2）の批准を優先することなどを提案していたことが後日わかった[35]。

　また、各会派から1人ずつ下院副議長を出すという合意が会派代表間であったにもかかわらず[36]、2月11日開催の本会議では「右派勢力同盟」と「ヤブロコ」から提出されていた候補者（ネムツォフ、ルキン）は選出されなかった。同本会議で祖国・全ロシア会派副議長候補者（ボース）のみが選出されたのは、上記3つの会派の同盟関係を断ち切るためとも憶測されたが[37]、これは一時的な共産党議員の「いやがらせ」と中道会派の党議拘束の「ゆるみ」からきたと思われ、同月16日の本会議ではこれら候補者は何の問題もなく選出された。

　議　長：SELEZNEV, Gennadii Nikolaevich（ロシア連邦共産党）
　第1副議長：SLISKA, Liubov' Konstantinovna（統一）
　　　副議長：ZHIRINOVSKII, Vladimir Volfovich（ロシア自民党）
　　　　　　　ROMANOV, Petr Vasilievich（ロシア連邦共産党）
　　　　　　　SEMIGIN, Gennadii Iurievich（農工代議員グループ）
　　　　　　　AVERCHENKO, Vladimir Aleksandrovich（人民代議員）
　　　　　　　CHILINGAROV, Artur Nikolaevich（ロシアの地域）
　　　　　　　BOOS, Georgii Valentinovich（祖国・全ロシア）
　　　　　　　NEMTSOV, Boris Efimovich（右派勢力同盟）
　　　　　　　（2000年5月31日ネムツォフの会派指導者選出に伴い、HAKAMADA,

---

[35] *Rossiiskaia gazeta*, 25/1/2000
[36] *Rossiiskaia gazeta*, 21/2/2000
[37] *Rossiiskaia gazeta*, 24/1/2000

Irina Mutsuovna に交代)

LUKIN, Vladimir Petrovich(ヤブロコ)

注:( )内は所属院内会派名

表26-1 下院・同委員会幹部の会派別配分

ID	委員会名 / 会派名	RC (93/1)	NDR (96/1)	NR (93/1)	PRUA (93/1)	ZR (93/1)	DPR (93/1)	NAR (96/1)
	国家会議	△	△	△		△		△
1	立法・司法改革	△	△		△			
2	労働・社会的支援	△	△	△				△
3	健康保護	◎	△	△		△		
4	環境	△	△				△	
5	教育・文化・科学	△		◎				
6	女性・家族・青年問題		△	△				
7	予算・税金・銀行・財政	△	△					
8	経済政策		△	△/△			◎	△
9	財産・民営化・経済活動	△	◎	◎				△
10	農業問題	△	△	△				
11	工業・建設・運輸・エネ	△	△	△				△
12	天然資源・自然利用		△	△	△			△
13	国防	◎	◎	△				△
14	安全保障	△	△		△			
15	国際問題		△	△			△	
16	CIS問題・同胞との連絡		△	△	◎			◎
17	連邦問題・地域政策		△	◎	△			
18	民族問題	△	◎	△	◎			
19	地方自治問題		◎	△	◎		△	
20	社会団体・宗教組織問題	△	△		△		△	
21	国家会議規則活動組織	◎	△	△	△			

第2章 議員構成と院内勢力図

22	情報政策・通信	◎	△					
23	地政学	△	△	△				
24	退役軍人問題	△						
25	教育科学	△						△
26	文化	△						◎
27	観光スポーツ	△						
28	北部問題	△						
29	軍民転換ハイテク技術	△						◎
	総　　計 （国家会議も含む） [議長内数]	17 [4]	29 [4]	19 [3]	9 [3]	2	5 [1]	11 [3]
	会派メンバー総数	76	66	67	30	23	15	37

注：1) ここには *ad hoc* な委員会、すなわち汚職調査委、チェチェン共和国市民解放・探索援助委などは含まれない。また、代議員集計局や代議員人権担当全権は含まれない。労働・社会的支援委は労働・社会政策委と改名され、教育・文化・科学委は第1期（1994-95）で消滅し、第2期目（1996-99）からこの委員会が教育科学委と文化委に分割。この他に第2期目に新たに設置された委員会は退役軍人問題委、観光スポーツ委、北部問題委、軍民転換ハイテク技術委の4つである。第3期目に新設・改組された委員会は：予算・税金・銀行・財政委が予算・税金委に改組、国家建設委を新設、工業・建設・運輸・エネ委と軍民転換ハイテク技術委が工業・建設・ハイテク委とエネルギー・運輸・通信委に再編、立法・司法改革委が立法委に改組、情報政策・通信委が情報政策委に改組、信用機関・金融市場委を新設、文化委と観光スポーツ委が文化・観光委に併合、スポーツ部門と健康保護委は健康保護・スポーツ委に併合、北部問題委を北部・極東問題委に改組、財産・民営化・経済活動委を財産委に改組、労働・社会的支援委と退役軍人問題委を労働・社会政策退役軍人委に併合、経済政策委を経済政策・企業活動委に改組。

2) ◎－議長；△－副議長　会派名：RC－ロシアの選択；NDR－我が家ロシア；NR－新地域政策；RR－ロシアの地域；LDPR－ロシア自由民主党；APR－ロシア農業党；AGR－農工代議員グループ；KPRF－ロシア連邦共産党；PRUA－ロシア統一合党；IaBL－ヤブリンスキー連合；ZR－ロシアの女性；DPR－ロシア民主党；NAR－人民に権力を

　　グループ名：E－統一；OVR－祖国・全ロシア；SPS－右派勢力同盟；ND－人民代議員；NON－無会派。（）の数字は調査対象時点の年月を示す。

出所：主に、*Federal' noe sobranie, Spravochnik*, Panorama, Moskva, 1994；同、1996、そして他の新聞資料などを追加して再編

表26-2 下院・同委員会幹部の会派別配分

会派名 委員会名*	RR (96/1)	RR (00/1)	APRAGR (93/1)	APRAGR (96/1)	APRAGR (00/1)	KPRF (93/1)	KPRF (96/1)	KPRF (00/1)	LDPR (93/1)	LDPR (96/1)	LDPR (00/1)
国家会議	△	△	◎	△	△	△	◎/△	◎/△	△	△	△
1 立法・司法改革			◎	△			◎		△	△	
2 労働・社会的支援							△		◎	◎	
3 健康保護	◎			△			△			△	
4 環境	△	△			△		△	△	◎	△	
5 教育・文化・科学						△					
6 女性・家族・青年問題				△			◎	◎/△	△	△	
7 予算・税金・銀行・財政	△		△	△	△		△		△	△	
8 経済政策				△			◎			△	△
9 財産・民営化・経済活動	△								△	△	
10 農業問題		△	◎/△	◎/△	◎/△		△		△		
11 工業・建設・運輸・エネ						△	△		◎	◎	
12 天然資源・自然利用			△	△			△/△		◎	△	△
13 国防		△				△	△	△	△	△	△
14 安全保障	△	△			△	◎	◎	△	△	△	
15 国際問題	△						△	△/△	△	△	
16 CIS問題・同胞との連絡		△	△	△	△		△	△		△	
17 民族問題	△				◎	△	◎	△	△	△	
18 連邦問題・地域政策	△					△	△	◎/△△	△		

第2章　議員構成と院内勢力図

No.	項目	C1	C2	C3	C4	C5	C6	C7
19	地方自治問題		△	△		△	△/△	△
20	社会団体・宗教組織問題			△	△	◎	◎	◎	△
21	国家会議規則活動組織		△	△	◎		△	△/△	△
22	情報政策・通信		△	△	△		△	△	△	◎
23	地政学			△		△	◎/△	◎
24	退役軍人問題					◎		△
25	教育科学				△	◎	◎	△
26	文化					△		△
27	観光スポーツ			△		◎		△
28	北部問題	◎				△		△
29	軍民転換ハイテク技術					△		△
30	予算・税金	◎/△				△/△		△
31	国家建設	△				◎	◎/△	
32	立法					△/△		
33	情報政策					△/△		◎
34	信用機関・金融市場					△/△		
35	文化・観光	△				◎/△		
36	健康保護・スポーツ					△/△		△
37	北部・極東問題					△		
38	工業・建設・ハイテク					◎/△		
39	財産					△/△		△

40	労働社会政策退役軍人	△			△			◎/△			
41	経済政策企業活動				△			◎			
42	エネルギー運輸通信	△						△/△			
総計（国家会議も含む）[議長内数]		11 [2]	13 [1]		12 [3]	13 [2]	11 [2]	9 [2]	28 [11]	47 [10]	17 [5]	29 [4]	8 [1]
会派メンバー総数		42	41		55	37	42	45	147	88	64	51	16

表26-3　下院・同委員会幹部の会派別配分

会派名 委員会名	IaBL (93/1)	(96/3)	(00/1)	E (00/1)	OVR (00/1)	SPS (00/1)	ND (00/1)	議/副議長数(総委員数) 1期	2期	3期*
国家会議		△	△	△	△	△	△	1/5	1/7	1/9
1 立法・司法改革		△						1/3	1/4	
2 労働・社会的支援	△	△						1/3	1/4	
3 健康保護		△						1/3	1/4	
4 環境	△	◎/△/△		◎/△			△	1/3	1/6	1/5(9)
5 教育・文化・科学	△							1/3		
6 女性・家族・青年問題	◎	△		△				1/3	1/3	1/2(6)
7 予算・税金・銀行・財政	◎	◎						1/3	1/5	
8 経済政策		△	△					1/4	1/5	
9 財産・民営化・経済活動		△	△					1/3	1/4	
10 農業問題				△	△		△	1/3	1/3	1/6(20)
11 工業・建設・運輸・エネ		△						1/3	1/4	
12 天然資源・自然利用		◎		◎/△			△	1/3	1/4	1/5(9)
13 国防		△		△			◎/△	1/3	1/4	1/5(13)
14 安全保障		△		◎/△			△	1/3	1/4	1/5(18)

第 2 章　議員構成と院内勢力図

No.	項目										
15	国際問題	◎	◎		△	△		◎/△	1/3	1/4	1/6(13)
16	CIS問題・同胞との連絡	△	△		△	◎		△	1/3	1/4	1/5(8)
17	民族問題		△					△	1/3	1/3	1/3(7)
18	連邦問題・地域政策				△			△	1/3	1/4	1/4(15)
19	地方自治問題				◎/△			△	1/3	1/4	1/4(10)
20	社会団体・宗教組織問題		△		△			△	1/3	1/4	1/3(6)
21	国家会議規則活動組織		△		◎/△			△	1/3	1/4	1/5(15)
22	情報政策・通信		△						1/3	1/4	
23	地政学								1/3	1/3	
24	退役軍人問題		△						1/3		
25	教育科学		△		△	△				1/4	1/3(12)
26	文化		△						1/3		
27	観光スポーツ		△						1/4		
28	北部問題		△						1/4		
29	軍民転換ハイテク技術		△						1/4		
30	予算・税金							△			1/6(51)
31	国家建設				△			△			1/4(11)
32	立法			△	△		△				1/4(9)
33	情報政策				△			△			1/4(11)
34	信用機関・金融市場				△	△		◎/△			1/5(13)
35	文化・観光				△			△			1/4(12)
36	健康保護・スポーツ				△	△		◎/△			1/6(14)
37	北部・極東問題				△			◎/△			1/3(6)
38	工業・建設・ハイテク			△	△			△			1/4(23)
39	財産				◎/△	△		△			1/6(12)
40	労働社会政策退役軍人				△			△			1/5(20)
41	経済政策企業活動			△		△		△			1/4(13)
42	エネルギー運輸通信				◎/△			△			1/5(26)

総計(国家会議も含む) [議長内数]	9 [3]	28 [2]	4	33 [7]	9 [1]	2 [1]	30 [5]	**1期:24/ 75(434) 2期:29/110(433) 3期:28/130(382)
会派メンバー総数	27	46	21	83	47	32	58	

注:* 第3期(2000年1月18日現在)のみ議長/副議長数に加え( )内は総委員数、ただし、国家会議副議長数は2月16日現在。

**第1、2、3期:総議長数/総副議長数(総委員数)

上記表は各会期間の委員会構成と会派別委員会幹部の配置を表しているが、第3期会期開催当初より会派間に不協和音がおこり議会幹部のポスト配分と承認手続きが2回行われたため、下記表には第2回目に確定した配分が示されている。

表26-4 下院・同委員会幹部の会派別配分 (第3期のみ2000年3月26日現在)

委員会名* \ 会派名	RR (00/3)	AGR (00/3)	KPRF (00/3)	LDPR (00/3)
国家会議	△	△	◎/△	△
1 立法・司法改革				
2 労働・社会的支援				
3 健康保護				
4 環境	△		△	
5 教育・文化・科学				
6 女性・家族・青年問題		△	◎/△	
7 予算・税金・銀行・財政				
8 経済政策				
9 財産・民営化・経済活動				
10 農業問題	△	◎/△	△	
11 工業・建設・運輸・エネ				
12 天然資源・自然利用		△	△	△
13 国防	△		△	△
14 安全保障	△	△	△	

15	国際問題	△	△	△	△
16	CIS問題・同胞との連絡	△	△	△	
17	民族問題		◎	△	
18	連邦問題・地域政策	△		◎/△	
19	地方自治問題		△	△	
20	社会団体・宗教組織問題		△	◎	
21	国家会議規則活動組織	△	△	△	
22	情報政策・通信				
23	地政学				
24	退役軍人問題				
25	教育科学	△	△	◎	
26	文化				
27	観光スポーツ				
28	北部問題				
29	軍民転換ハイテク技術				
30	予算・税金	◎/△	△		△
31	国家建設	△	△		
32	立法	△		△	
33	情報政策		△	△	◎
34	信用機関・金融市場	△	△	△	
35	文化・観光	△	△	◎	
36	健康保護・スポーツ	△	△	△	△
37	北部・極東問題			△	
38	工業・建設・ハイテク	△	△	◎/△	
39	財産	△	△	△	△
40	労働社会政策退役軍人	△	△	◎/△	
41	経済政策企業活動	△	△	◎	
42	エネルギー運輸通信	△	△	△	

総計（国家会議も含む） ［議長内数］	22 [1]	25 [2]	31 [9]	8 [1]
会派メンバー総数	41	42	88	16

表26-5　下院・同委員会幹部の会派別配分

委員会名＼会派名	IaBL (00/3)	E (00/3)	O (00/3)	SPS (00/3)	ND (00/3)	議/副議長数 3期*
国家会議	△	△	△	△	△	1/9
1　立法・司法改革						
2　労働・社会的支援						
3　健康保護						
4　環境		◎/△	△		△	1/6（9）
5　教育・文化・科学						
6　女性・家族・青年問題		△		△		1/4（6）
7　予算・税金・銀行・財政						
8　経済政策						
9　財産・民営化・経済活動						
10　農業問題	△	△	△	△	△	1/8(21)
11　工業・建設・運輸・エネ						
12　天然資源・自然利用		◎/△	△	△	△	1/7（9）
13　国防	△	△	△	△	◎/△	1/8(13)
14　安全保障	△	◎/△	△	△	△	1/8(18)
15　国際問題		△			◎/△	1/6(13)
16　CIS問題・同胞との連絡	△	△	◎		△	1/6(8)
17　民族問題		△			△	1/3(7)
18　連邦問題・地域政策		△	△	△	△	1/6(15)
19　地方自治問題	△	◎/△			△	1/5(10)
20　社会団体・宗教組織問題		△			△	1/4(6)
21　国家会議規則活動組織	△	◎/△	△		△	1/7(15)

第2章 議員構成と院内勢力図

22 情報政策・通信						
23 地政学						
24 退役軍人問題						
25 教育科学	△	△	△	△		1/6(12)
26 文化						
27 観光スポーツ						
28 北部問題						
29 軍民転換ハイテク技術						
30 予算・税金		△	△	△	△	1/7(52)
31 国家建設	△	△	△	△	△	1/7(11)
32 立法	△	△		◎	△	1/5(8)
33 情報政策		△	△	△	△	1/6(11)
34 信用機関・金融市場	△	△	△	△	◎/△	1/8(13)
35 文化・観光		△	△		△	1/5(12)
36 健康保護・スポーツ		△	△		◎/△	1/7(14)
37 北部・極東問題		△			◎/△	1/3(6)
38 工業・建設・ハイテク	△	△	△	△	△	1/8(23)
39 財産	△	◎/△	△	△	△	1/9(12)
40 労働社会政策退役軍人		△	△	△	△	1/7(20)
41 経済政策企業活動		△	△	△	△	1/6(13)
42 エネルギー運輸通信	△	◎/△	△	△	△	1/8(26)
総計（国家会議も含む） ［議長内数］	14	35 [7]	22 [1]	18 [1]	31 [5]	** 3期：28/172(383)
会派メンバー総数	21	83	47	32	58	

注：**第3期：総議長数/総副議長数（総委員数）

表26-6　下院・同委員会幹部の会派別配分（第3期）

会派名	ロシアの地域	農工代議員	共産党	自民党	ヤブロコ	統一	祖国	右派勢力同盟	人民代議員
幹部総数1回目	13	11	47	8	4	33	9	2	30
議長数1回目	[1]	[2]	[10]	[1]	[0]	[7]	[1]	[1]	[5]
幹部総数2回目	22	25	31	8	14	35	22	18	31
議長数2回目	[1]	[2]	[9]	[1]	[0]	[7]	[1]	[1]	[5]

　第1回目の議会幹部選出（2000年1月19日）に「右派勢力同盟」、「祖国・全ロシア」、「ヤブロコ」の3会派、それに「ロシアの地域」の議員グループらは議会をボイコットしていたため、彼らの不参加のまま配分ポストが下院で承認された。一応これら会派およびグループへの配分ポストは据え置かれたまま承認されたが、その後これら会派およびグループは第1回目のポスト配分を不服としたため、第2回目（2月16日）のポスト配分が行われた。上表で第1回目と第2回目の会派別幹部配分を検討してみると、ロシア連邦共産党がかなり譲歩し、減らした幹部数を共産党連携会派「農工代議員グループ」に配分している。また、第2回目で他会派への再配分は、与党会派「統一」と最小会派ロシア自民党をのぞき、ほぼ会派の大きさに比例して幹部数増加でバランスをとった形となった。

　各会派構成員の人数に応じて委員会の幹部（議長・副議長）数を配分するという原則は維持されることになったが、問題は下院選比例代表区で5％条項をクリアし、会派登録を認められた少数会派である。例えば小選挙区で当選した無所属議員を中心に構成された会派「人民代議員グループ」の院内勢力は、ほとんど比例代表区の当選議員で構成されているロシア自民党よりもはるかに強力である。この仕組みが政党政治の発展にどのような影響を与えているか定かでないが、第3期のロシア自民党の院内活動は制度上制約されているのも事実である。

　委員会組織が確定した時点（2000年4月）の各会派の院内勢力図を委員会幹

部の数で表してみると次のようになる。

表26-7　第3期：各会派の委員会別勢力（関心度）*

会派・政治グループ名	大** （議＋副議長）	中** （議長のみ）	並** （副議長のみ）	並以下*** （委員のみ）
ロシア連邦共産党 88人	5	4	17	2
統一　　　　83人	7	—	21	—
人民代議員　　58人	5	—	21	2
祖国・全ロシア 47人	—	1	21	6
農工代議員グループ 42人	1	1	22	4
ロシアの地域　 41人	1	—	20	7
右派勢力同盟　32人	—	1	17	10
ヤブロコ　　　21人	—	—	13	15
ロシア自由民主党 16人	—	1	7	20

注：*　委員会幹部（下院幹部も含む）
　　**　会派メンバーが幹部職に就く委員会数（下院会議も含む）
　　***会派メンバーが幹部職に就いていない委員会数

　下院の要職である議長職は最大会派の「共産党」に、そして第1副議長職は第2会派の「統一」に与えられ、すべての他会派も副議長職として代表を送っている。委員会の中で最重要委員会とみなされている財産委員会の議長職は「統一」会派に与えられ、ここには他のすべての会派の代表が副議長職として送り込まれている。つぎに、1会派（委員会により会派名は異なる）を除き他のすべての会派が幹部職に就いている委員会は農業問題、安全保障、予算・税金、国家建設、信用機関・金融市場、国防、工業・建設・ハイテク委員会で、これらも重要視されている委員会といえるであろう。それに反し、4会派以上が幹部職に就いていない委員会は地方自治、女性・家族・青年問題、社会団体・宗教組織問題、北部・極東委員会などで、すべての会派がこれらの問題にさほど関心がないことを物語っている。またこれら委員会のメンバー数も概して他の委員会に比べ少ない。今期の一般的な傾向として副議

長ポストを増員したため、これらの委員会では「ヒラ」委員の数の方が副議長職の数より少ない場合がある。したがって、正委員に任命された議員の数は前第2期より50人程少なくなっている。いずれにしても、委員会数は第2期より1つ少ないものの、副議長職が前期より圧倒的に多いのが表26-3/4でわかる。副議長職は「ヒラ」委員と異なり、待遇（施設、スタッフ、経費など）の面で恵まれており、それだけ下院運営費がかさむことになる。

　第3期の幹部職の会派別配分のバランスを考慮し、第2期よりも副議長職数を増やしたことはすでに述べた。与党会派「統一」は27委員会すべてに幹部職としてそのメンバーの誰かを送り込んでいる。とくに7つの委員会には議長職と副議長職を送り込んでいる。このほとんどが資源、環境、財産関連の委員会であることから、この方面に関心があると思われる。最大会派の「共産党」が利害関係が絡む重要な予算・税金委員会に同会派メンバーを幹部に指名していないのは理解できないと思われるであろうが、実は共産党比例代表区で当選したＥ.Ｖ.マルチェンコが同委員会副議長に当初送り込まれていた。その後間もなくマルチェンコが離党し、無所属議員として登録されたため、このような結果になった。比例代表区で選出された議員が会派別配分取り決めにしたがい、委員会幹部職を得た後、会派を離脱してもそのまま議員としてだけでなく幹部職に就いたまま居残っているのがこのマルチェンコの例でもわかる。既述したロフリン国防委員会議長（第2期）の件も同様な例としてあげられる。これらは明らかに会派間取り決め違反であるが今のところ是正手続きが煩雑なため厳守されていない。

　共産党会派メンバーの幹部指名がそのほか社会福祉、労働、教育文化関連の委員会に多いところから、これらの問題に関心があると思われる。他の会派の関心指向を表26から察すれば次のようになる。「祖国・全ロシア」会派はＣＩＳ問題を中心に安全保障、連邦問題に関心があり、「右派勢力同盟」会派は立法問題をはじめ、市場経済諸問題に関心を示し、小選挙区選出議員で構成されている「人民代議員グループ」会派は国防と国際問題委員会の議長職を取り、また金融や保険それに地域問題関連の委員会の議長に就いている。農業党を中心に構成されている「農工代議員グループ」会派は3期連続

して農業問題委員会の議長職と副議長職1つをおさえ、そして民族問題委員会もおさえている。また同会派は社会経済政策関連の委員会の活動にも関心を示している。不可解なのは国防委員会には現在「農工代議員グループ」を除き、他の会派すべてが議長もしくは副議長として代表を送り込んでいることである。「ロシアの地域」会派は前期と比べて同会派総数がほとんど同数でありながら、幹部数を13から22へとほぼ倍に増やしている。さらに、同会派は最重要委員会の1つである予算・税金委員会の議長職をおさえている。会派メンバー総数の減少に合わせて勢力の衰えを顕著にみせたのが、「ヤブロコ」とロシア自民党会派で、これまで「ヤブロコ」の独壇場であった環境、予算、国際問題委員会などの議長職は他会派にもぎとられ、またロシア自民党会派がこれまで議長職を独占していた労働・社会的支援、工業・建設・運輸・エネルギー、地政学の各委員会は改組および整理され、同会派のこれら委員会での優位性はほとんど消えてしまった。

　以上、院内勢力図を下院幹部ポストの会派別配分で分析してみてきたが、同会期中、会派間の勢力均衡のパターンに変化が起こると、これら幹部ポストの配分が見直されることもある。2001年前期、政権与党「統一」、中道勢力の「祖国」、それに「ロシアの地域」と「人民代議員」が同盟を結ぶと、下院評議会は、幹部ポスト配分見直し提案の検討を規則委員会に指示した事例がこれにあたる[38]。

（4）下院常任委員会構成[39]

　下院の定員総数は450人であるが、下院議長や副議長職を除く、常任委員会（ただし、代議員資格審査委員会を除く）の構成員総数は第1期が434人、第2

---

[38] *Rossiiskaia gazeta*, 26/6/2001
[39] 上院同様、第1期の下院議員全員、委員会議長、各委員会の年齢、学歴、学歴専門分野、議員選出時職業別構成の表作成は可能であったが、1996年時では半数以上の第2期下院議員の個人情報は年齢と現職に関する情報を除き不完全で（ただし、議会幹部、すなわち議会議長、副議長、委員会議長らの個人情報を除く）あったため表作成は不可能に近かった。それが第3期下院選挙頃までには不完全な個人情報がほぼ入手可能となった。しかし、今度は第3期の個人情報で第2期と同じような現象がおきている。

期が425人、第3期が372人である。下院議員は緊急事態に対処するため急遽、暫定的に設置された委員会の構成員にもなる[40]。常任委員会の構成員総数が会期ごとに少なくなっているとはいえ、ほぼ8割以上の議員が何らかの委員会のメンバーになっている。

下院常任委員会の構成に限ってここでは分析してみるが、常任委員会の数があまりにも多いので機能面で相対的に重要と思われる14の委員会についてのみ分析した。下表27から38はこれら委員会と比較対照のため下院会議それに委員会議長も含めて、これら構成につき作表した。各期ごとに、いくつかの委員会の削除、追加、および名称変更などが行われたため、厳密にいえば一会期を越えて継続性にやや難があるが、できるだけ機能面で類似している委員会同士を比較の対象とした結果、下記のような特徴や傾向がみられた。

1. 下院全体の平均年齢が第1期の46歳から第3期の49歳へと若干上昇する傾向にあるのに反し、女性比率は第1期の13％から第3期の7％と減る傾向にある。同じような傾向が各委員会の構成にみられ、予算・税金委員会、財産・民営化委員会、それに地方自治問題委員会などは下院平均よりも若さを維持している。労働・社会支援委員会や教育・文化委員会は平均よりもはるかに高い女性比率を維持している。

2. 高学歴（大学院教育）の構成員を多くもつのは、委員会議長であり、そして委員会の重要性を反映してか立法、教育、予算、経済、財産、国際問題などの委員会であり、なかでも全3期を通して高学歴を維持しているのは立法、教育、国際関係などの委員会である。

3. 第1・2期の学歴専門分野別構成（表33/34）をみると、すべての委員会ではないが、委員会が必要とする専門知識をもつ議員で構成されているのがわかる。例えば、立法・司法委員会と安保委員会は法学；予算・税金委員会、財産・民営化委員会、それに経済政策などの委員会

---

[40] 1996年1月から1997年7月までの16ヵ月の間に下院では14の暫定委員会が構成されたという（*Rossiiskie vesti*, 5/8/1997, p. 3）。例えば、チェチェン共和国市民解放探索援助委員会がそれで、上院にも似たような暫定委員会（チェチェン紛争解決委員会）が構成された。

は経済学；農業委員会は農学；国防委員会は軍事、そして運輸委員会は理工科というようにこれら委員会の専門性がこれでわかる。旧ソ連時代、党・国家官僚の多くがエンジニアリングの教育を受けていたが、その名残が社会・経済関連の委員会の構成にみられる。第3期は情報不足で確かなことはいえないが、概ね同じような傾向がみられる（表35）。教育委員会と国際問題委員会は全3期を通じてこれら構成員の教歴に関しては専門性があまりみられない。委員会議長数は会期ごとに異なり、しかし専門性に特徴がなくゼネラリスト指向がみえるが、あえていえば経済学、法学、理工科の専門知識がある者が多く議長職に就いているといえる。

4．議員選出時の職業別構成をみると、全3期とも教育関係者は教育関連の委員会に、農業関係者は農業委員会に、軍人は国防委員会に、地方行政関係者は地方自治問題委員会、そしてマスコミ関係者は情報委員会に当然のごとく彼らのその方面での知見や利害関係を含む状況判断の必要性がこれらデータから読みとれる。とくに、教育関係者の第2・3期の教育科学委員会での比率は他を圧倒しているが、その他の多くの委員会で教育関係者の数が多くみられる。立法過程において多少偶然性もあるであろうが彼らの職業上の知見が必要視されているのがわかる。ただ、下院全体に占める教育研究関係者の比率が第3期では第2期よりも相対的に低くなっており、職業別構成が多様化しているのがわかる。職業別構成の多様化現象は重要な予算・税金委員会、経済政策委員会に当初から現れており、これは所管審議事項の利害関係の複雑さを象徴しているといえるだろう。工業産業関係者の比率が比較的多い（第1期57％、第2期33％、第3期35％）のは運輸委員会で、運輸関係者の比率より多い。これは所管事項も運輸だけでなく、とくに第1期・2期は工業、建設、エネルギー問題も含まれていた。

表27　下院年齢別構成：第1期(1993年12月－1995年12月)

年齢別	下院	委議長	立法	労働	環境	教育	予算	経済	財産	農業	運輸	国防	安保	国際	自治	情報
30歳以下	6%	4%	…	13%	7%	4%	14%	9%	4%	…	4%	20%	…	11%	6%	6%
31-40	24%	17%	27%	25%	27%	11%	44%	45%	32%	12%	14%	20%	16%	29%	17%	6%
41-50	40%	33%	36%	38%	40%	32%	26%	27%	36%	27%	39%	33%	68%	43%	50%	44%
51歳以上	30%	46%	27%	25%	27%	50%	14%	18%	28%	62%	39%	27%	11%	18%	28%	31%
欠員	…	…	9%	…	…	4%	2%	…	…	…	4%	…	5%	…	…	13%
合計**	100 (450)	100 (23)	100 (22)	100 (16)	100 (15)	100 (28)	100% (43)	100% (22)	100 (25)	100 (26)	100 (28)	100 (15)	100 (19)	100 (28)	100 (18)	100 (16)
平均年齢	46	49	49	44	46	51	41	42	45	51	48	45	46	44	45	47
女性比率	13%	12%	9%	25%	7%	21%	14%	14%	0%	8%	4%	7%	16%	11%	6%	6%

注：* ここで選択された委員会名は総称であり、またこの中にはこの期間中（1995-2001）統廃合されたものがあり、それら委員会は表26-1～5に載っている委員会ID番号で示されている。
**％（　）内の数値は構成員数

表28　下院年齢別構成：第2期（1996年1月－1999年12月）

年齢別	下院	委議長	立法	労働	環境	教育	予算	経済	財産	農業	運輸	国防	安保	国際	自治	情報
30歳以下	4%	0%	…	0%	…	2%	…	…	…	10%	4%	4%	…	…	8%	7%
31-40	20%	10%	14%	17%	30%	8%	31%	…	32%	9%	19%	13%	28%	16%	17%	7%
41-50	44%	38%	50%	50%	30%	67%	47%	57%	47%	36%	33%	52%	40%	44%	67%	29%
51歳以上	32%	52%	36%	22%	40%	25%	16%	43%	21%	50%	38%	26%	16%	36%	0%	43%
欠員	…	…	…	11%	…	4%	…	…	5%	…	4%	12%	4%	8%	14%	
合計	100 (450)	100 (28)	100 (14)	100 (18)	100 (10)	100 (12)	100 (49)	100% (14)	100 (19)	100 (22)	100 (21)	100 (23)	100 (25)	100 (25)	100 (12)	100 (14)
平均年齢	49	53	50	47	51	50	45	51	47	51	48	47	45	50	43	50
女性比率	9%	7%	14%	11%	13%	17%	12%	7%	5%	…	…	4%	8%	4%	17%	14%
継続者数(率)*	152 (33)	7 (24)	5 (38)	6 (33)	4 (40)	2 (17)	12 (25)	3 (22)	4 (21)	6 (27)	5 (24)	6 (26)	6 (24)	4 (16)	1 (8)	3 (22)

注：*第2期議会/委員会構成定員中第1期からの継続者数（率）を示す

第2章 議員構成と院内勢力図

表29　下院年齢別構成：第3期（2000年1月－2003年12月）

年齢別	下院	委議長	立法	労働	環境	教育	予算	経済	財産	農業	運輸	国防	安保	国際	自治	情報
30歳以下	3%	…	…	5%	…	…	4%	…	…	15%	4%	…	6%	8%	…	…
31-40	19%	21%	33%	20%	11%	8%	29%	31%	25%	5%	23%	…	17%	31%	20%	36%
41-50	34%	32%	33%	25%	44%	50%	41%	38%	42%	20%	23%	54%	39%	8%	60%	36%
51歳以上	41%	46%	33%	50%	44%	42%	24%	31%	33%	60%	50%	46%	39%	54%	20%	27%
欠員	3%	…	…	…	…	2%	…	…	…	…	…	…	…	…	…	…
合計	100 (450)	100 (28)	100 (9)	100 (20)	100 (9)	100 (12)	100 (51)	100 (13)	100 (12)	100 (20)	100 (26)	100 (13)	100 (18)	100 (13)	100 (10)	100 (11)
平均年齢	49	54	45	50	51	52	45	48	48	50	49	52	48	48	46	48
女性比率	7%	7%	11%	20%	…	25%	10%	8%	…	…	4%	8%	…	15%	10%	9%
継続者数(率)2-3*	149 (33)	5 (18)	4 (45)	2 (10)	1 (11)	6 (50)	12 (24)	3 (23)	4 (33)	3 (15)	1 (4)	8 (62)	6 (33)	3 (23)	1 (10)	2 (18)
継続者数(率)1-3**	77 (17)	2 (7)	2 (22)	…	1 (11)	…	5 (10)	2 (15)	2 (17)	3 (15)	…	3 (23)	3 (17)	1 (8)	…	1 (9)

注：＊　第3期議会／委員会構成定員中第2期からの継続者数（率）を示す
　　＊＊第3期議会／委員会構成定員中第1期からの継続者数（率）を示す

表30　学歴別構成：第1期

学歴	下院	委議長	立法	労働	環境	教育	予算	経済	財産	農業	運輸	国防	安保	国際	自治	情報
中／高卒	5%	…	5%	19%	…	…	5%	5%	8%	…	18%	…	11%	…	…	…
大学中退	1%	…	…	…	…	2%	…	…	…	4%	…	…	…	…	…	6%
大学卒	59%	38%	27%	50%	47%	36%	60%	50%	40%	92%	61%	73%	58%	50%	78%	63%
博士候補	23%	38%	27%	25%	13%	29%	21%	27%	32%	8%	7%	13%	21%	32%	22%	13%
博士	12%	25%	32%	…	20%	32%	9%	18%	20%	…	7%	13%	5%	18%	…	6%
不明	0%	…	…	6%	…	…	…	…	…	…	…	…	…	…	…	…
欠員	…	…	9%	…	…	4%	2%	…	…	…	4%	…	5%	…	…	13%
合計	100 (450)	100 (23)	100 (22)	100 (16)	100 (15)	100 (28)	100 (43)	100 (22)	100 (25)	100 (26)	100 (28)	100 (15)	100 (19)	100 (28)	100 (18)	100 (16)

表31　学歴別構成：第2期

学歴	下院	委議長	立法	労働	環境	教育	予算	経済	財産	農業	運輸	国防	安保	国際	自治	情報
中／高卒	2%	…	7%	11%	…	…	2%	…	…	…	24%	4%	8%	…	…	…
大学中退	4%	…	…	0%	…	…	…	…	…	…	…	…	…	…	…	…
大学卒	1%	52%	36%	67%	50%	42%	49%	64%	68%	86%	52%	74%	68%	36%	83%	71%
博士候補	61%	21%	21%	11%	20%	25%	37%	21%	16%	5%	10%	13%	8%	40%	8%	7%
博士	22%	17%	36%	0%	30%	33%	8%	14%	16%	5%	14%	4%	4%	20%	…	7%
不明	12%	10%	…	…	…	…	…	…	…	…	…	…	…	…	…	…
欠員	…	…	…	11%	…	4%	…	…	5%	…	4%	12%	4%	4%	8%	14%
合計	100 (450)	100 (28)	100 (14)	100 (18)	100 (10)	100 (12)	100 (49)	100 (14)	100 (19)	100 (22)	100 (21)	100 (23)	100 (25)	100 (25)	100 (12)	100 (14)

表32　学歴別構成：第3期

学歴	下院	委議長	立法	労働	環境	教育	予算	経済	財産	農業	運輸	国防	安保	国際	自治	情報
中／高卒	2%	…	11%	5%	…	…	…	…	…	8%	…	…	…	…	…	…
大学中退	1%	…	…	5%	…	…	…	…	…	…	…	…	…	…	…	…
大学卒	76%	64%	44%	90%	89%	50%	78%	77%	75%	90%	85%	77%	83%	77%	100%	82%
博士候補	11%	14%	33%	…	…	33%	14%	8%	17%	5%	4%	15%	6%	23%	0%	18%
博士	6%	21%	11%	…	11%	17%	6%	15%	8%	…	4%	8%	11%	…	…	…
不明	1%	…	…	…	…	…	…	5%	…	…	…	…	…	…	…	…
欠員	3%	…	…	…	…	2%	…	…	…	…	…	…	…	…	…	…
合計	100 (450)	100 (27)	100 (9)	100 (20)	100 (9)	100 (12)	100 (51)	100 (13)	100 (12)	100 (20)	100 (26)	100 (13)	100 (18)	100 (13)	100 (10)	100 (11)

表33　学歴専門分野別構成：第1期

学歴専門分野	下院	委議長	立法	労働	環境	教育	予算	経済	財産	農業	運輸	国防	安保	国際	自治	情報
コミュニケーション	2%	…	…	6%	7%	…	5%	…	…	4%	…	…	…	…	…	19%
医学	4%	4%	…	…	…	…	…	4%	…	…	…	…	5%	…	6%	…

	下院	委議長	立法	労働	環境	教育	予算	経済	財産	農業	運輸	国防	安保	国際	自治	情報
教育	4%	8%	…	…	7%	7%	5%	…	4%	…	7%	13%	…	…	11%	…
教養	3%	4%	5%	13%	13%	4%	2%	…	…	…	…	…	…	…	…	13%
軍事	2%	8%	…	…	…	…	…	…	…	…	4%	33%	…	…	…	6%
経済学	17%	17%	5%	19%	20%	…	47%	50%	44%	8%	11%	…	…	14%	…	…
社会学	1%	…	…	…	13%	…	…	…	…	…	…	…	…	7%	…	…
職業技術	6%	…	5%	6%	…	7%	2%	5%	8%	…	14%	…	11%	7%	17%	…
政治・国際関係	3%	…	…	6%	…	…	…	…	4%	…	…	5%	4%	17%	…	…
農学	11%	4%	5%	13%	…	14%	5%	9%	4%	65%	4%	7%	…	5%	11%	6%
文学・言語・哲学	7%	4%	…	6%	…	25%	…	…	…	…	…	…	13%	5%	11%	6%
法学	16%	21%	73%	…	13%	7%	9%	9%	16%	8%	…	7%	58%	11%	11%	25%
理工科	19%	17%	…	19%	27%	25%	21%	27%	16%	8%	54%	20%	5%	11%	28%	19%
歴史	4%	8%	…	6%	…	7%	…	…	…	…	…	7%	…	21%	…	6%
その他	1%	4%	…	…	…	…	2%	…	4%	…	…	…	…	…	…	…
不明	2%	…	…	…	…	…	…	…	4%	4%	…	…	4%	…	…	…
欠員	…	…	…	…	4%	2%	…	…	…	4%	…	5%	…	…	…	13%
合計	100 (450)	100 (23)	100 (22)	100 (16)	100 (15)	100 (28)	100 (43)	100 (22)	100 (25)	100 (26)	100 (28)	100 (15)	100 (19)	100 (28)	100 (18)	100 (16)

表34　学歴専門分野別構成：第2期

学歴専門分野	下院	委議長	立法	労働	環境	教育	予算	経済	財産	農業	運輸	国防	安保	国際	自治	情報
コミュニケーション	2%	…	…	6%	…	…	…	…	…	…	…	…	4%	…	…	21%
医学	3%	…	…	6%	…	…	…	…	…	…	…	…	…	…	…	…
教育	6%	3%	…	11%	10%	17%	4%	…	…	…	…	4%	4%	…	25%	14%
教養	1%	…	7%	6%	10%	…	…	…	…	…	…	…	…	…	…	…
軍事	3%	7%	…	…	…	…	…	…	…	…	…	43%	4%	4%	…	…
経済学	16%	21%	14%	6%	10%	…	43%	36%	32%	14%	10%	…	4%	12%	…	7%

職業技術	4%	7%	...	6%	...	4%	...	...	...	24%	4%	4%	...	...	...	...
政治・国際関係	4%	...	7%	6%	...	8%	...	...	...	5%	...	...	4%	8%	8%	...
農学	9%	7%	...	6%	...	17%	4%	14%	11%	64%	...	4%	...	4%	...	7%
文学・言語・哲学	5%	3%	...	6%	...	8%	2%	...	...	...	...	4%	...	16%	17%	...
法学	10%	10%	64%	...	10%	8%	8%	...	16%	...	...	4%	44%	8%	8%	21%
理工科	27%	21%	...	28%	60%	25%	22%	50%	42%	14%	62%	22%	16%	28%	33%	14%
歴史	6%	3%	...	...	...	17%	6%	...	...	...	...	4%	...	16%	...	...
その他	4%	3%	...	6%	...	...	2%	...	...	...	5%	...	4%	...	...	...
不明	1%	14%	7%	11%	...	...	4%	...	...	...	...	4%	...	...	...	...
欠員	...	0%	...	...	...	...	...	...	...	5%	...	4%	12%	4%	8%	14%
合計	100 (450)	100 (28)	100 (14)	100 (18)	100 (10)	100 (12)	100 (49)	100 (14)	100 (19)	100 (22)	100 (21)	100 (23)	100 (25)	100 (25)	100 (12)	100 (14)

表35　学歴専門分野別構成：第3期

学歴専門分野	下院	委議長	立法	労働	環境	教育	予算	経済	財産	農業	運輸	国防	安保	国際	自治	情報
コミュニケーション	1%	...	...	5%	...	...	...	...	...	...	...	...	6%	...	...	18%
医学	2%	4%	...	...	...	...	...	...	...	...	...	...	...	...	...	...
教育	3%	...	...	5%	...	8%	...	...	...	...	4%	8%	6%	8%	10%	9%
教養	...	...	11%	...	11%	...	...	...	...	...	...	...	...	...	...	...
軍事	2%	4%	...	...	...	...	...	...	...	...	...	23%	6%	...	...	...
経済学	7%	14%	...	...	...	8%	25%	23%	...	5%	...	...	...	...	...	9%
職業技術	1%	...	...	5%	...	...	...	...	...	8%	...	...	...	...	...	...
政治・国際関係	1%	...	...	...	...	8%	...	...	...	...	...	8%	6%	...	...	...
農学	2%	7%	...	...	...	...	...	25%	...	...	...	...	...	...	...	...

文学・言語・哲学	2%	4%	…	5%	…	8%	…	…	…	…	…	…	…	8%	…	…
法学	5%	18%	56%	5%	…	…	…	…	17%	…	4%	8%	28%	…	…	9%
理工科	13%	21%	11%	…	22%	25%	16%	23%	25%	…	12%	15%	11%	38%	…	…
歴史	2%	…	…	…	…	8%	…	…	…	…	…	8%	…	…	…	9%
その他	1%	4%	…	…	…	…	…	…	…	…	…	…	…	…	…	…
不明	54%	25%	22%	75%	67%	33%	57%	54%	58%	70%	73%	31%	39%	46%	90%	45%
欠員	3%	…	…	…	…	2%	…	…	…	…	…	…	…	…	…	…
合計	100 (450)	100 (27)	100 (9)	100 (20)	100 (9)	100 (12)	100 (51)	100 (13)	100 (12)	100 (20)	100 (26)	100 (13)	100 (18)	100 (13)	100 (10)	100 (11)

表36　議員選出時職業別構成：第1期

当選時役職	下院	委議長	立法	労働	環境	教育	予算	経済	財産	農業	運輸	国防	安保	国際	自治	情報
連邦行政官	10%	8%	14%	19%	7%	11%	7%	9%	8%	8%	8%	…	5%	14%	11%	…
共和国行政官	2%	4%	…	6%	…	4%	2%	…	…	4%	…	…	…	…	…	…
地方行政官	10%	13%	9%	6%	13%	7%	2%	18%	12%	15%	…	…	26%	…	22%	6%
地方議会関係者	3%	4%	9%	…	7%	…	5%	…	4%	4%	…	…	…	…	17%	6%
政党関係者	8%	8%	…	13%	20%	4%	5%	5%	8%	4%	11%	27%	…	14%	…	…
軍人	2%	…	…	…	…	…	…	…	…	…	…	…	33%	…	…	…
マスコミ関係者	3%	4%	…	…	7%	4%	2%	…	…	4%	…	…	16%	…	…	31%
教育研究関係者	20%	25%	32%	19%	13%	46%	9%	23%	24%	4%	…	13%	5%	18%	11%	6%
金融財界関係者	18%	8%	…	19%	7%	…	30%	14%	12%	8%	4%	7%	…	11%	6%	6%
工業産業関係者	16%	57%	…	…	…	…	…	…	…	57%	…	…	…	…	…	…
農業関係者	5%	4%	…	…	…	7%	9%	…	4%	31%	…	7%	5%	4%	…	…

当選時役職	下院	委議長	立法	労働	環境	教育	予算	経済	財産	農業	運輸	国防	安保	国際	自治	情報
司法関係者	3%	...	18%	...	7%	...	2%	...	4%	...	...	...	16%	4%	6%	6%
その他 （関連）	1% (医療)	...	...	11% 労組	...	14% 文芸	14% 商業	...	12% 商業	...	11% 流通	5%(医療)	...	...	...	...
その他	12%	17%	9%	...	20%	7%	9%	18%	12%	19%	4%	13%	16%	29%	23%	13%
不明	2%	4%	9%	6%	...	4%	5%	5%	...	...	8%	...	5%	7%	6%	25%
合計	100 (450)	100 (23)	100 (22)	100 (16)	100 (15)	100 (28)	100 (43)	100 (22)	100 (25)	100 (26)	100 (28)	100 (15)	100 (19)	100 (28)	100 (18)	100 (16)

表37　議員選出時職業別構成：第2期

当選時役職	下院	委議長	立法	労働	環境	教育	予算	経済	財産	農業	運輸	国防	安保	国際	自治	情報
連邦行政官	7%	3%	14%	...	...	...	14%	7%	...	9%	5%	...	12%	...	...	...
共和国行政官	2%	...	...	6%	13%	...	...	...	...	...	...	...	...	...	...	...
地方行政官	9%	17%	7%	11%	...	...	8%	...	5%	23%	...	4%	12%	4%	33%	14%
地方議会関係者	5%	3%	14%	6%	13%	...	8%	7%	...	5%	...	...	...	4%	17%	7%
政党関係者	10%	7%	14%	11%	13%	...	10%	...	5%	9%	5%	13%	8%	12%	8%	...
マスコミ関係者	4%	10%	7%	6%	...	...	2%	...	5%	...	...	...	12%	...	...	43%
教育研究関係者	18%	7%	29%	11%	38%	84%	14%	14%	37%	...	...	13%	4%	32%	8%	7%
金融財界関係者	11%	17%	...	28%	13%	8%	14%	21%	21%	...	10%	...	12%	8%	...	7%
工業産業関係者	...	...	...	...	...	...	...	...	...	...	33%	...	...	...	...	...
農業関係者	5%	10%	...	...	...	4%	7%	...	50%	...	4%	4%	4%	...	...	...
司法関係者	1%	...	7%	...	...	8%	...	...	...	...	...	...	12%	...	...	7%
労組関係者	...	...	...	11%	...	...	...	...	...	...	5%	...	...	...	...	...
通信・運輸関係者	...	...	...	...	...	...	...	...	...	...	5%	...	...	...	...	...
サービス業関係者	...	...	...	...	...	12%	29%	...	...	19%	...	...	...	...	...	...

116

第 2 章　議員構成と院内勢力図

軍人	2%	...	...	...	...	...	...	...	...	...	...	22%	...	...	...	...
その他 （関連）	1% (医療)	...	...	...	...	...	...	...	...	4% 年金	...	...	...	...	...	...
その他	21%	21%	7%	6%	13%	...	10%	14%	21%	9%	10%	43%	12%	12%	33%	14%
不明	3%	3%	...	6%	...	...	2%	...	5%	...	...	...	12%	8%	...	...
合計	100 (450)	100 (28)	100 (14)	100 (18)	100 (10)	100 (12)	100 (49)	100 (14)	100 (19)	100 (22)	100 (21)	100 (23)	100 (25)	100 (25)	100 (12)	100 (14)

表38　議員選出時職業別構成：第3期

当選時役職	下院	委議長	立法	労働	環境	教育	予算	経済	財産	農業	運輸	国防	安保	国際	自治	情報
連邦行政官	4%	18%	...	5%	22%	...	2%	...	...	...	4%	...	17%	...	...	...
連邦議会関係者	3%	4%	...	...	...	...	...	8%	...	...	...	6%	15%	...	...	...
共和国行政官	2%	...	...	...	11%	...	2%	8%	...	5%	...	...	8%	...	...	...
共和国議会関係者	12%	4%	...	...	...	...	2%	8%	...	...	...	...	8%	...	...	...
地方行政官	2%	16%	11%	20%	11%	...	16%	...	16%	...	8%	...	...	...	50%	...
地方議会関係者	6%	4%	11%	5%	...	8%	12%	16%	8%	5%	15%	...	...	...	20%	9%
公営機関関係者	2%	...	...	11%	4%	...	8%	...	15%	...	...	...	8%	...	...	...
政党関係者	5%	4%	...	5%	11%	12%	...	...	8%	5%	4%	8%	6%	15%	10%	9%
軍人	2%	4%	...	...	...	...	...	...	...	...	...	31%	6%	...	...	...
マスコミ関係者	3%	...	...	10%	...	...	...	...	...	...	...	11%	8%	...	...	36%
医療関係者	1%	...	...	...	...	...	...	...	...	...	...	...	...	...	...	...
教育研究関係者	13%	11%	33%	...	11%	75%	8%	15%	33%	...	4%	23%	17%	8%	10%	18%
金融財界関係者	13%	8%	...	...	...	4%	...	...	...	...	...	...	...	...	...	...

工業産業関係者	…	…	…	10%	…	8%	6%	15%	8%	5%	35%	…	6%	8%	…	…
サービス業関係者	6%	7%	11%	…	…	…	18%	8%	…	15%	4%	…	6%	15%	10%	9%
農業関係者	3%	7%	…	…	11%	…	…	…	…	25%	…	8%	6%	…	…	…
司法関係者	1%	4%	22%	…	…	…	…	…	…	…	…	…	6%	…	…	9%
通信・運輸関係者	1%	…	…	…	…	…	…	…	…	12%	…	…	…	…	…	…
文芸関係者	1%	4%	…	…	11%	…	…	…	…	…	…	…	…	…	…	…
労組関係者	3%	…	…	25%	…	…	…	8%	…	5%	…	…	…	…	…	…
年金受給者	2%	7%	…	5%	…	…	2%	…	8%	…	…	…	15%	…	…	…
その他社会活動	6%	…	…	10%	…	…	8%	15%	8%	5%	8%	…	6%	8%	…	…
その他	6%	4%	11%	…	…	…	8%	…	…	…	4%	8%	11%	…	…	…
不明	1%	…	…	5%	…	…	4%	…	…	…	4%	8%	…	…	…	9%
欠員	3%	…	…	…	…	…	2%	…	…	…	…	…	…	…	…	…
合計	100 (450)	100 (27)	100 (9)	100 (20)	100 (9)	100 (12)	100 (51)	100 (13)	100 (12)	100 (20)	100 (26)	100 (13)	100 (18)	100 (13)	100 (10)	100 (11)

第3章 活動環境整備

1．社会的合意協定

　1994年4月28日、大統領提案の「社会的合意に関する協定」の調印式が挙行された。中央政権と地方自治体、それに有力な政党、企業、労組との、広範な合意の形式をとり、インフレ抑制に関する連邦政府の約束、物価上昇抑制に関する企業の約束、ストライキ活動に関する労組の約束、法令の整備と地方行政の充実などがその内容となっている。「本協定加盟者は、自己の活動において、人間の権利と自由の優先、諸民族の権利の尊重、民主主義の諸原則、法治国家、権力の分立、連邦制度を厳守していく義務がある」[1]と協定第1章第1条に規定されているが、憲法上の義務を再確認した合意に他ならないという印象を与えている[2]。合意協定の締結期間は当初2年間で、96年のロシア大統領選挙の選挙運動の開始までの期間における情勢の顕著な安定を促進することがエリツィンの狙いであったと思われる。新憲法と新議会の導入の下で政治勢力が再編され「新政治秩序」が形成されたが、政治的安定性に一抹の不安をもつ大統領側の姿勢がこのような形で表出されたともいえる。調印式では245人が署名したが、その後調印は引き続き行われ、(94年6月18日現在) 863の政党や社会団体が協定に調印した[3]。

　連邦議会が社会的合意を成立させたのではないが、大統領の連邦議会へ提出した年頭教書『ロシア国家の強化について』のなかで、「限りない政治的

---

[1] *Rossiiskie vesti*, 29/4/1994
[2] *Kommersant Daily*, 26/3/1994
[3] 「モスクワ放送」、1994年6月18日

対立への道ではなく、考え方や政治的立場の相違に関係なくすべての人に共通の不易の目標、すなわち創造的合意への道」[4]が唱えられており、このとき初めて大統領の社会的合意の政治方針が宣言された。また、両院合同会議での年頭教書演説でも大統領は「生まれたばかりのロシア国家体制の重い病気について私は語っている」と述べ、「今日、大統領、議会、政府を統合している課題は、この病気の破壊的行動を止めさせることである」[5]といって、暗に教書演説の前日、下院で採択された恩赦決定の事実を指摘した。新憲法の規定によると、恩赦の問題は、下院の排他的権限であり、大統領にはこの問題で国家会議の決定に拒否権を行使する権利も可能性もない（憲法第103条第1項）。もともと政治的、経済的恩赦実施の提案は、ロシア自由民主党とロシア連邦共産党から出されていた。しかし、より広範囲であるがコンパクトに一括された「合意に関する覚書」（Memorandum o soglasii）として採択された。この決定によると、恩赦は91年8月の「クーデター未遂事件」に関連するすべての刑事事件、93年5月1日のモスクワでの「メーデー騒乱事件」、93年10月のモスクワでの騒乱事件に関連する刑事事件の主要関係者に適用された[6]。反対投票をしたのは「ロシアの選択」会派76人のうちの67人のみであった。ルイプキン下院議長の一括審議提案に賛成意見を述べた党首のなかには、保守系諸党の党首だけでなく、なかば政府与党ともいえるロシア統一合意党のシャフライ党首もいた[7]。その後の大統領側の動きをみてみると、議会内での協調姿勢の盛り上がりを巧妙に「社会的合意」協定締結に向けて活用し、あれほど難関を予想されたにもかかわらず、わずか2カ月後に調印式が行われたという事実である。しかも、大統領府内の作業部会が作成した「市民的合意達成のための協定」の草案が両院議長に手渡されたのが3月31日であり、これに多少手直しされた草案が公表されたのが4月6日であった[8]。議会内

---

[4] *Rossiiskaia gazeta*, 25/2/1994
[5] *Rossiiskaia gazeta*, 25/2/1997
[6] *Izvestia*, 25/2/1997
[7] *Rossiiskaia gazeta*, 24/2/1994
[8] *Rossiiskaia gazeta*, 7/4/1994

での反対意見がかなり多数を占めていたため大統領は諸地域、議会諸会派代表らと精力的に会合した後、4月21日、下院特別本会議が始まる前に、「社会的合意のための協定」と名称変更を伴った修正案が大統領府から議員に手渡された。社会を混乱させる恐れのある修正を憲法に加えることを禁止した項目が草案から削除され、またロシア連邦に加盟する共和国は自己の憲法をロシア連邦憲法に適合させなければならないという規定も削除された。なおかつ農業党党首や共産党党首の希望であった所得格差の縮小に努力することが草案に書き加えられるなど重要な修正をした。これで院内賛成派が多数を占め、ルイプキン下院議長をして当該協定は国民にとって不可欠だと指摘するまでになった[9]。議会は国内の利害関係が集約されている「場」であり、協定締結に向けて国民レベルのコンセンサス形成のための格好の「場」となったといえるであろう。3月中旬、時を同じくして大統領案とほとんど同じ趣旨の「合意のためのロシア運動」が各界を代表する中道左派グループによって立ち上げられた。大統領案と異なるのは、この運動が上からの命令でなく、国の再建を願い国を愛する者が必然的に動き出した運動体であるとこのグループは唱えた[10]。当時、同運動体に署名したロシア農業党党首ラプシンによれば、同僚であるルイプキン下院議長の大統領案への姿勢が大きくその後の流れを変えたという[11]。

　協定には遂行されるべき最優先事項が列挙されており、連邦議会は政府に関する憲法的法律、94年度予算法、民事法典、土地法典、労働法典、自由経済ゾーンに関する法律、銀行活動に関連する法律、課税制度に関連する法律、証券市場法、最低生活保障法などの採択や地方自治の強化関連の連邦法の採択であった。条約遂行の調整作業を行うため、各界の全権代表からなる調停委員会（*Soglasitel'naia komissiia*）（委員長は当時のフィラトフ大統領府長官）が設置さ

---

[9] *Novaia ezhednevnaia gazeta*, 22/4/1994; *Sevodnia*, 23/4/1994
[10] *Pravda*, 19/3/1994, 当初の署名者一覧： V. Zorkin; A Rutskoi; M. Lapshin; A. Tuleev; S. Glazyev; G. Zyuganov; P. Romanov; S. Baburin; V. Lipitsky; A. Prokhanov; G. Seleznev; V. Chikin; A. Shilov; S. Govorukhin; N. Mikhailov; A. Tsipko
[11] *Nezavisimaia gazeta*, 30/4/1994

れた。調停委員会は、協定加盟者の代表による会議、「円卓会議」や暫定作業部会の作業を組織し、付帯文書や議定書を策定することになっていた。これら作業の共通路線は、連邦議会への「大統領年頭教書」に述べられ、共通の課題を具体化し、実行に移すことであるとしていた（調印式でのエリツィン大統領の演説[12]）。94年2月に設置済みの大統領直属社会院（Obshchestvennaia palata）が協定遂行経過を分析し、また勧告をする（6月9日発令の大統領令、No.1, 179）ことになっていた。社会院は元来、連邦執行機関と社会団体との連携確保を目的とする社会的に意義ある広範な問題に関して話し合う協議機関として発足した。社会院には、大統領から指名を受けた政党、社会運動、連邦・地方権力機関の代表およそ300人が出席する会議方式で作業、会議の休会中における活動の調整のため、15人で構成される「評議会」が組織されていた。また、大統領は93年12月の選挙結果をみて、ロシア連邦旧最高会議の再現を憂慮して、予防策としての構想から社会院が誕生したともいわれている[13]。社会的合意協定の締結過程での社会院設置構想は、共同議長（サンクトペテルブルグ市ソプチャク市長とトポルニン国家法研究所長）らの独走があったため、コンセンサス形成には適していなかったようである[14]。

　94年9月までに少なくとも13回開催した調停委員会で社会的合意協定遂行の諸問題が検討され、また異なる補助機関での項目毎の遂行状況も検討された。優先事項に掲げられていた94年度政府予算案を議会は第1期閉会前に可決し、協定が政治情勢の安定をあたかも保障しているかの印象を与えるほど平穏無事な日々が続いた。しかし、ヤーシン大統領直属分析センター所長（後の経済相）が調停委員会でロシア経済の先行き不安定な厳しい状況報告をして間もなく、ルーブル大暴落に見舞われ、一気に協定の土台が崩れ落ちたかにみえた。

---

[12] *Rossiiskie vesti*, 29/4/1997
[13] *Nezavisimaia gazeta*, 7/7/1994
[14] *Ibid.*

2．連邦議会における全権代表

大統領全権代表 94年2月18日、大統領は大統領とのパイプ役としてヤコブレフ（IAKOVLEV, Aleksandr Maksimovich）（著名なアレクサンドル・N・ヤコブレフと異なる人物）を連邦議会における大統領全権代表に任命した。大統領府・執行部と連邦議会との関係制度化は次のような過程があった。まず、同年7月に大統領府内に連邦議会両院対策局が設置された。この局は、当時議会対策担当の大統領補佐官サタロフの指示を日常受け運営されていた。サタロフはこの機関を足場にして、またヤコブレフ全権代表と当時のフィラトフ大統領府長官らと連携をとりながら、大統領案を通すためにロビイストの役割を演じていた。ロビー活動も経済、地域問題など（現在に至るまでそうであるが）分野別に分かれていた。議員や会派代表らと色々な政治的取引が行われていたが、収賄が疑われるような物理的な取り引きは当局のロギノフ局長によると絶対に行っていなかったという[15]。彼らのロビー活動は議会議員に対し直接ロビー活動するほか、政府機関のロビイストらの活動をも調整し、マスコミ対策の最適化をはかり、またロビー活動のために法律家、経済学者、政治学者などの専門知識を援用していたという[16]。第1会期（同年7月）が終わる頃、このような議会対策局が設置されたということは、議会の重要性が認識され始めたという事実に他ならないが、両院での議事運営が定着し始めたこと、とくに院内会派の行動規範がある程度みえるようになってきたことである。ただ、エリツィン体制下の大統領府は一枚岩でなく、絶えず保革両グループが拮抗していたとともに、同年9月下旬、コスチコフ大統領報道官やサタロフ補佐官ら7人（連名で大統領の行状をたしなめる書簡を出した）がエリツィンの気紛れで大統領訪米団から外されていたように、利害関係はその後も大統領自身の性格が絡み複雑に入り組んでいた。大統領はまた同年1月22日コワ

---

[15] *Nezavisimaia gazeta*, 3/8/1994
[16] *Ibid.*

リョフ大統領人権委員会議長を人権担当全権代表に任命した。この機関は、政府機関の職権乱用で人権が侵害されたという市民の苦情を受けて調査する、いわゆるオンブズマン制度である。興味深いのは下院議員が大統領によって人権担当全権代表に指名されたことである。通常、予算上も政府機関とは独立した会計措置を施してあり、現役の政治家は任命されないが、市民の苦情処理の機能を果たしていた旧ソ連時代の最高会議の機能を踏襲したような印象を与えた。チェルノムイルジン首相は内閣改造後の初閣議（94年1月21日）で政府と連邦議会の相互関係に特別の注意を払い、「いかなる対立もなく、両者の利害は共通している」と述べた。この協調姿勢は、新内閣が政界の広範囲な支持を得ていないことを暗に認める発言とも受け取れた。新内閣は議院内閣制のもとで構成されたのでなく、首相自身が、議会の同意をとらず、大統領の意向を配慮して組閣したもので、正統性に欠けるといえるが、チェルノムイルジン首相は、上院議長選挙や組閣に際し、有力な会派からかなりの譲歩を迫られ、政治的・行政的資源を巧妙に使い、その場をしのいでいたのが現実であった[17]。

　第1期から第2期に入った96年2月10日、大統領府の再編に伴い、大統領全権代表を1人ずつ両院に置くことにし、大統領は上院にスリヴァ（SLIVA, Anatolii Iakovlevich）を、そして下院にコテンコフ（KOTENKOV, Aleksandr Alekseevich）を任命した。スリヴァ、コテンコフ両氏とも93年12月まで大統領府国家法務総局に勤務していたが、同年同月の下院選挙でスリヴァはロシア統一合意党比例区議員として当選し、任期中（第1期）下院地方自治問題委議長を務めた。コテンコフは1993年から96年まで民族問題省次官を務めた[18]。2000年6月3日、プーチン大統領就任に伴い、コテンコフは同職務を再任され、上院での全権代表にヒジニャコフ（KHIZHNIAKOV, Viacheslav Fadeevich）がスリヴァの後任として任命された（大統領令 No.1, 013）[19]。

---

[17] 例えば *Izvestia*, 25/1/1994 参照

[18] *Federal'noe sobranie*, Spravochnik, Panorama, Moskva, mart 1996, p. 26

[19] *Rossiiskaia gazeta*, 6/6/2000

第3章　活動環境整備

政府全権代表　1994年8月15日、連邦議会における政府全権代表として政府第1副官房長官であったセベンツォフ（SEBENTSOV, Andrei Evgen'evich）が任命された。94年11月17日、セベンツォフを長とする、29人構成の政府立法起案委員会が設立された。同委員会の構成員のほとんどが主要省の大臣官房付であった。

3．リーダー間直接会談

これまで、体制側の必要に応じ、大統領および連邦政府首相は非公式に上下両院議長、下院各会派・政治グループ代表と会談してきた。プーチン大統領はこれら会談の定期化を提案している[20]。

---

[20] *Rossiiskaia gazeta*, 13/9/2000

第Ⅱ部
応答性機能
Response Maintenance Function

　議会の応答性をはかるには議会の立法活動と行政執行機関への監督活動をみるのが順当であるが、これに関連するすべての活動を考察するのは不可能なので、例証としてそれぞれ代表的なものを数例ここに取り上げた。

第4章　立法活動

　下院各本会議では平均して約7件の決議が採られているが、その半分以上は手続き的そして組織的問題に関連した決議であり、法案制定に直接関係していない決議が多いという[1]。下院での法案審議件数を、第2期に限っていえば、305回の本会議を開催したなかで1,730の法案を審議し、1,036の法律を採択、うち715が発効されたという[2]。また第2期の1996年度に限っていえば、750の法案が審議され、256の法案が下院を通過し、そのうち156の法案が上院で承認され大統領の署名を得て制定されている。制定された156の法案のうち、63が批准を必要としていた国際条約であり、67が現に施行されている国内法の改正・訂正・追加条項に関する法律であり、新法の採択は1年を通してわずか26件であったという[3]。法令の法的基盤は、このように脆弱にみえるが、他方では、市場的な民事法がすでに制定化されている反面、時代錯誤的な労働法典や刑事訴訟法典が2001年末まで存在していたし、また連邦大統領令や連邦構成主体の法令があるなど、法令過多の状態でもあった。これらが司法行政の効率性、透明性、明確さに疑問を投げかけていただけでなく、すべてのレベルの権力機関に対してその責任領域の明文化が問われていた。つまり、移行期の立法活動で重要なのは採択された法の質と整合性、

---

[1] *Executive and Legislative Newsletter*, No. 27, 1997
[2] 『ロシア月報』、第698号、1999年12月号、p.41
[3] 下院で第2期目に大統領全権代表を務めているコテンコフによれば、制定された法律の内容にも不安があるが、1年間にわずか26の法律制定活動は法治国家を目指す国としてお粗末な活動であるといえる。例えば、コモンローの国米国でも7,500の連邦法と各州200から400の州法があり、大陸法主義を採るフランスでは国内法が1万以上ある。1992年1月にロシア連邦が誕生して以来現在に至るまでに、当時の最高会議と、それに続いた連邦議会はわずか450余りの連邦法を制定しただけである。*Executive and Legislative Newsletter*, No. 12, 1997

それに制定するスピードであった。また、上述したように採択された多くの法案が必ずしも急を要しない現行法への改正や増補であり、基盤となる法律体系を作る法律を必要としていた。

　立法発議の件数は通常、下院議員によるものが一番多く（上記1996年度の場合53％）、つぎに連邦政府（25％）、連邦構成主体の議会（11％）、連邦大統領（7％）、上院（6％）の順となっている。しかし、下院で採択された法案の割合をみると、再び1996年度の場合、大統領案の47％、政府案の40％、下院議員案の21％、上院案の12％、連邦構成主体案の5％の順となって数値上執行部優位にみえる。1996年に下院で審議に付された750の法案のうち188が連邦政府によって発議され[4]、その40％、つまり75法案が下院を通過した。下院議員は397法案発議し、その21％、つまり83法案が通過したことは、法案内容（ほとんどが現行法改正案）の重みこそ政府案が優っていたとはいえ、数量で政府案に優っていたことになる。第2期目ともなると下院議員のなかに立案能力を備える者が出てきており、その代表格といえる者の中に下記の議員名[5]を（会派別に）あげることができる[6]。

　　「ロシアの地域」： ZHUKOV, Aleksandr D.（予算・税金・銀行・財政委副議長）
　　「ロシアの地域」： MOROZOV, Oleg V.（連邦問題・地域政策委副議長）
　　ロシア自由民主党： KALASHNIKOV, Selgei V.（社会団体・宗教組織委議長）
　　「ヤブロコ」： DMITRIEVA, Oksana G.（予算・税金・銀行・財政委）
　　「ヤブロコ」： GRACHEV, Ivan D.（財産・民営化・経済活動委副議長）
　　ロシア連邦共産党： VORONIN, Yurii M.（予算・税金・銀行・財政委副議長）
　　ロシア連邦共産党： MASLYUKOV, Yurii D.（経済政策委議長）
　　「我が家ロシア」： RYZHKOV, Vladimir A.（下院第1副議長／地域政策委副

---

[4] *Ibid.*
[5] これら下院議員の略歴は紙数の関係でここに掲載できなかったので、拙稿「移行期のロシア議会の機能」、『スラブ・ユーラシアの変動』領域研究報告輯、No.54、1998年3月、pp.42−43、注72−81を参照。
[6] A.ロジオノフ（大統領府政党会派関係部局長）の意見による。*Rossiiskiie vesti*, 5/8/1997

議長)

「我が家ロシア」： ALEKSANDROV, Aleksei I. (安全保障委)

「農工代議員グループ」： KULIK, Gennadii V. (予算・税金・銀行・財政委副議長)

　以上立案能力に長けた議員数例を会派別にあげたが、傾向として左派系議員は比較的高齢で、旧国家官僚歴をもっており、改革派は比較的若く、高学歴の者が多い。

　立法発議の件数が下院議員によるものが多かったのは、エリツィン体制下でのことで、プーチン政権になってから、徐々に立法発議の件数が、下院議員からよりも政府および大統領府からの方が多くなりつつある[7]。執行行政府の方が立法発議する上で情報集積や専門性の視点からみてより整備されており、これは多くの民主国家がそうであるように当然の流れといえるであろう。

1. 予算法案

　毎年、予算修正・審議・採択手続法が下院によって6月中旬頃採択され（上院の承認必要）、同法では、政府は連邦予算法案を9月1日午前0時までに下院に提出する必要があると定められている。通常、政府はこれまで8月下旬下院に連邦予算法案を提出している（ただし、94・95年度予算法案を除く）。予算法案が成立するのは年度予算によって異なり、例えば、96年度予算法案は95年12月19日に上院によって承認され、97年度予算法案は97年2月12日に上院によって承認されている。

　上院で長期間審議が進まなかった例はこれまでほとんどなく、それどころか上院は、何度も下院に対して、政府と上下両院の3者による調停委員会で合意に至った予算法案に賛成するよう促してきたという経緯がある。これは連邦構成主体の行政と議会の長からなる上院が1日も早い連邦予算成立に極

---

[7] *Rossiiskaia gazeta*, 23/5/2001

めて強い関心を抱いているからである。

　暫定予算が組まれる場合は、前年1年間の歳出を12等分した額を1カ月の歳出分にする法的な権限が政府に与えられている。つまり、歳出額は新年度全体の予算法案で見積もられている額より少なくなる[8]。

　議会は上下両院が可決済みの連邦予算の審議・承認手続きに関する法律に基づいて、先議権のある下院での読会を通常4回行うが、必ずしも一様ではない。例えば95年度予算法案の読会は4回、96年度は3回、97年度は4回行われた。この読会 (chtenie) というのは、本会議の回数ではなく、予算法案の場合、政府案および修正案が可決された回数を意味する。例えば、95年度の予算案について下院本会議が7回招集されたが、本会議がその都度読会の回数になったわけではない。予算法案は必ず通さなければならない法案なので、政府案が審議の結果最初に可決したときを、それがたとえ3回目の本会議であっても、第1読会で可決したとされている。

　下院は最初の本会議で、今後の予算審議の具体的な審議内容の進め方を決定する。勿論予算法案は本会議での審議だけでなく、本会議の間に数多くの聴聞会や常任委員会及び小委員会が開催される。第1読会では歳入・歳出・財政赤字額の大枠の指数を決定する。第1読会での予算法案の争点が通常財政赤字（または黒字）額、赤字補填の財源、重点歳出項目などであるので、第2読会ではこれらについての政府修正案が審議にかけられ採決される。第3読会では決定された基本指数を動かさないで（全く動かさないわけではない）、これら指数の枠内での予算科目別の歳入・歳出の再調整を行う。この頃までに必要なら政治決着があり、予算法成立の目途を立てている。第4読会ではこれら予算科目別の歳入・歳出の微調整を行う。

　下院各会派の政府予算法案の受け止め方はその年度によりまちまちであるが、これまでの表決行動をみると改革派の「ヤブロコ」は緊縮財政型であり、左派系の共産党は拡大財政型といえるであろう。政府と与党会派がその過程でどちらに転ぶかで予算法成立の厳しさが判断できる。

---

[8]「ロシアの声」放送、1997年11月22日、『ロシア政策動向』、第16巻、第23号、pp.32-33

毎年の予算法成立には、与野党いずれの立場にとっても、何らかの政治判断、政治決定が要求されている。例えば、エリツィン体制下のチェルノムイルジン政府、またはプリマコフ政府にしても予算法成立のために、下院第1党の共産党と何らかの政治取り引きをし、同時に人脈を通じて相互依存関係および信頼関係を醸成していった。2000年度連邦予算法案では、1999年12月19日に下院総選挙を控え、下院は早々と同月4日に行われた第4読会で2000年度予算法案を採択し、上院も同月22日採択し予算法を成立させた。総選挙前に国民に前向きの印象を与えるという与野党共通の理解があったと思われる。プーチン体制下の2001年度連邦予算法案も、2000年度内に連邦議会が採択・承認し、大統領がそれに署名した。この背景には、ルーブル切り下げおよび好調な対外貿易の結果、国内総生産や工業生産量が成長し、2000年度予算の歳入超過がペレストロイカ以降初めて期待できたことである。2000年度予算の追加歳入は、2001年度予算教書に定められた優先課題（軍事改革、教育、法擁護機関など）に配分された[9]。肯定的な連邦予算の執行は税法および関税法、土地法典、労働法典、銀行システム改革法案に対する立法活動への追い風となり、政治的および経済的安定に貢献しているようにみえた。

　1994年度予算法案から年度ごとの予算成立過程を分析することが、政治システムでの議会の「場」を的確に理解する最善の事例研究であると思われるが、現在、進行中で残念ながらまだ結果が出ていない。95年度予算の表面的な表決結果のみを下記に示し、政策過程での議会の「場」を垣間見ることにする。

95年度予算法案

　新議会発足後初年度の1994年は94年度および95年度予算法を成立させる必要があり変則的であったが、予算審議過程の学習も含め、同年に形成された多くの過程が現在に至っている。当時のチェルノムイルジン首相は議会による94年度および95年度予算法案可決は社会的合意協定の最優先事項であるこ

---

[9] *Rossiiskaia gazeta*, 24/4/2001

とをかねてから強調していた[10]。94年3月17日、ロシア政府によって議会に提出された94年度予算法案は、そのほぼ3カ月後の6月24日、下院および上院によって採択承認された。

94年10月5日政府予算法案は提出され、同月27日の下院本会議でチェルノムイルジン首相は全閣僚を出席させて95年度政府予算法案について説明した。政府は財政赤字をGDP比7.8％とし、94年度予算法と比べ緊縮予算を編成した。議会は上下両院が可決済みの95年度連邦予算の審議・承認手続きに関する法律に沿って、下院での審議を94年度予算法案同様4回とした。これら委員会レベルの総括した意見は、予算法案および95年度の経済成長予測は欠陥だらけであり、根本的な予算のガイドラインを再度明確に設定し直す必要ありとの結論に達した[11]。当時のザドルノフ予算・銀行・財政委員会議長（ヤブロコ）によれば、予算法案は16の常任委員会で逐条審議され、その半数の委員会が本会議で政府案を審議する価値全くなしという結論に達し、他の半数も結論こそ出さなかったが否定的な意見であったという[12]。12月1日の下院本会議で政府予算法が否決（可決ラインは226票）された後、227票の賛成票を得て政府・議会合同調停委員会を設置した。同委員会は規定により10日以内（94年12月10日まで）に修正案を政府に示し、政府は20日以内に再編成された連邦予算法案を下院に提出しなければならなかった。再度予算法が否決された場合、政府不信任が成立する。幸いにも政府不信任は成立しなかったが、12月23日の第1読会までに、委員会や会派で予算法案が検討され、またその間4回の議会聴聞会が開催された。予算法が成立するまでに下院予算・税金・銀行・財政委員会では個々の議員、会派、他の下院委員会から700の修正提案が出され、院内で検討し、政府と調整し、その結果支出科目として計上してあった対外経済活動費、企業間債務未払い分、連邦政府機関改組経費などを他の支出科目：国防関連費、地方自治体支援費、社会福祉施設整備費などへ流用する内容の修正予算法案となった。95年度予算法が上院で承認さ

---

[10] *Sevodnia*, 12/5/1994

[11] *Moskovskie novosti*, No.48, 2-8/12/1994

[12] *ITAR-TASS, Report*, 1/2/1994

第4章 立法活動

れたのは、最終政府修正案が95年3月15日下院で採択された後の同月22日であった。

表39　1995年度予算案：会派別表決行動

読会採決日	議員数	1)1994.12.23 賛 / 否	2)1995.1.25 賛 / 否	3)1995.2.24 賛 / 否	4)1995.3.15 賛 / 否
ロシアの選択	74	67 / 1	57 / 0	61 / 1	48 / 1
ロシア自由民主党	64	56 / 0	54 / 0	49 / 0	51 / 10
ロシア農業党	55	1 / 28	46 / 3	48 / 1	47 / 1
ロシア連邦共産党	45	0 / 42	0 / 42	10 / 42	0 / 35
ロシア統一合意党	31	22 / 0	17 / 0	20 / 10	22 / 0
ヤブロコ	29	1 / 20	1 / 13	0 / 6	0 / 17
ロシアの女性	23	21 / 10	19 / 1	21 / 0	20 / 0
新地域政策	60	39 / 11	35 / 8	37 / 6	45 / 4
無所属	7	18 / 20	23 / 15	30 / 18	26 / 15
議員全体（投票時）*	448	230:51%/127	259:58%/88	268:60%/93	282:63%/81

注：＊当表内に記した票数が議員構成員総数（各会派構成も含む）より少ないのは、棄権票を投じた議員および表決に不参加の議員を含めなかったためである。

出所：*PARLAMENTARIZM B ROSSII: FEDERAL' NOE SOBRANIE 1993-1995g.g.*, pp.130-136 に掲載されていた表を著者自身のデータベースを参照し再編

　上表の会派別の表決行動をみてみると、賛成票の多くが改革派諸勢力の票であった。ただ、改革派の「ヤブロコ」は一貫して緊縮型予算法案を主張し、この原則を曲げず、反対票を投じていた。全読会での表決で鍵を握る会派は保革混成の大勢力会派「新地域政策」であるといわれたが、投票行動の見極めがやや難しいのがロシア農業党の動向であった。ロシア農業党会派は院内で共産党と同一歩調をとると思われていたが、必ずしもそうではなかった。その会派構成員のなかに農業関係者が多く、彼らは農産業への政府補助金に関心を示す一極集中型であった。同会派は第2読会で政府が補助金増額の修正案を提示してから最終読会まで引き続き政府案に賛成票を投じていた。

135

各々の読会で採択された後、政府修正予算法案は上院に送られたが、上院では下院を通過した予算法案に修正を加えることができず、予算法案賛否の採決をするだけである。できることといえば、法案を否決した場合、付帯文書として意見書をつけて下院に差し戻すことである。先議権のない上院ではその苛立ちを隠せず、上院議員らは下院での各読会審議中、より多くの予算を地域助成金に充当する必要があるとの意見書を公表し、少しでも圧力をかけようとしてきた。もともと下院を通過した予算法案は政府修正予算法案であり、これに楯突くことができず、上院の不甲斐なさを露呈した形となった。
　上院が地域の利益中心に行動するのは理解できるが、表決行動にどのような地域差があるか、下表から読みとることができる。

表40　上院での表決：1995年度予算案（1995年3月22日）

	全体		ウラル	シベリア	沿ボルガ	極東	黒土地帯	中央	カフカス	北西
賛	100	56%	44%	61%	63%	42%	58%	38%	75%	75%
否	23	13%	…	17%	4%	29%	…	29%	5%	5%
棄	6	3%	…	…	4%	8%	8%	4%	5%	…
欠	47	27%	56%	22%	29%	21%	33%	29%	10%	15%
欠員	2	1%	…	…	…	…	…	…	5%	5%
合計	178名	100%	100%	100%	100%	100%	100%	100%	100%	100%

　注：賛－賛成、否－否定、棄－棄権、欠－投票不参加、欠員－上院欠員（この時点で北カフカス1、北西ロシア1）
　出所：*SOVET FEDERATSII, Biulleten'*, No.2 Vosemnadtsatogozasedania, 1995, pp. 46-47. 表決データの集計処理は著者

　上表は95年3月22日、95年度連邦予算案が上院で承認され、最終的に成立したときの表決であるが、上表で否定的であったのは、ウラル、極東、中央ロシア各地域の票でいずれも地域内で貧富の差がかなりあるところであった。政府案に比較的好意的であったのが、北カフカスと北西ロシア両地域であった。
　予算法の執行率であるが、96年度予算の場合、歳入の執行率が81％（中で

第4章 立法活動

も税収の執行率はバラつきがひどく、例えば、企業利潤税が58％に対し、個人所得税は100％)、歳出の執行率81％（ここでも執行率にバラつきがあり、国際活動が100％、工業、エネルギー、建設が52％)[13]　歳入歳出とも2割が未執行という事実をみて、予算法成立を厳格に受け止める必要もないのではないかと思うであろう。しかし、予算法成立の過程でかなりの関連法案を通過させるため、法体制が未整備なロシア連邦では毎年の予算法成立を重要な立法活動と位置付けているのである。この過程での関連法案はもちろん新法の成立よりも、現行の法律の改正、修正および追加条項などが多数を占めるが、これも法整備の一環といえる。

2．下院選挙法

　1995年1月31日ロシア中央選挙管理委員会は1995年12月に下院選挙が挙行されると報じ、下院選挙法が遅くとも3月末までに採択されるよう下院に呼びかけた。下院はその呼びかけに応じ3月24日可決したが、下記の同法案審議過程をみてもわかる通り、その後上院で3度否決され、また大統領の拒否権行使もあり、その結果延々と長引き、下院選挙法が成立したのは6月21日、下院選挙を控えてぎりぎりのタイムリミットであった。

3月24日	下院が下院選挙法を可決
4月12日	上院が下院選挙法を否決（賛成11票、反対95票、棄権6票） 可決には90票必要
4月21日	下院が下院選挙法を可決（賛成256票、反対68票、棄権2票）
5月4日	上院が下院選挙法を再度否決（賛成11票、反対114票、棄権5票）
5月11日	下院が、上院で2度にわたり否決された下院選挙法を再度採択
5月22日	大統領、シュメイコ上院議長と下院選挙法ならびに上院形成の問題について会談
5月23日	エリツィン大統領、下院選挙法への署名を拒否

---

[13] 「1997年度ロシア連邦予算の政治経済学」『ロシア東欧貿易調査月報』、1997、10月号、p.68

5月24日	下院、下院選挙法への大統領拒否権を覆すことに失敗 　賛成244票（拒否権撤回には300票必要） しかし、同法への拒否権撤回を大統領に提案することを決定 　賛成268票（226票必要）
6月6日	大統領、上院議長および下院議長と会談し下院選挙法、上院構成法の採択の見通しなどを検討 下院選挙法案のいくつかの条文に関する合意について大幅な前進
6月9日	下院は、12月の下院選挙に適用される下院選挙法修正案を賛成多数で可決（賛成264票、反対45票、棄権3票） 　可決には226票必要 大統領と上下両院の代表による調整委員会の作業で妥協が成立 大統領側の代表は：サタロフ大統領補佐官、А.ヤコブレフ大統領議会代表、L.ブルチェワ大統領府法務副局長
6月13日	サタロフ大統領補佐官、下院選挙法に関する合同議会公聴会で、大統領は下院選挙法に関する両院調停委員会の決定は受け入れ可能と考えていると表明
6月14日	上院、下院が採択した新しい下院選挙法案を拒否（賛成76票、反対26票、棄権13票） 　可決には90票必要
6月15日	上院、下院選挙法を可決（賛成113票、反対9票、棄権3票）
6月21日	大統領、下院選挙法に署名

　争点の背景には、下院議員が政党会派別に行動するのに反し、上院議員は地域利益代表という意識で議会活動を捉えており、当然これらの異なる意識が選挙法成立過程で表出した。全450議席を前回と同じ小選挙区、比例代表区各225とする下院原案に反対し、上院は300対150に、できればすべてを小選挙区に変更するよう要求し、なおかつ下院議員選挙の成立に必要な25％条項を見直し、投票率50％で選挙が成立するよう求めていた。大統領も上院とほぼ同意見で下院が可決した選挙法に署名を拒否し続けていた。大統領は、その後、投票率は原案通りとし、また議席割合も原案通りとしたが、比例代表区候補者名簿に載せる地方の候補者を増加する修正が加えられた。上院も結局これは下院の選挙法であり、同法案に対する下院の結束力が強いところ

第4章 立法活動

から、下院原案に若干修正を加えた大統領案を飲むことになった。

下表は5月11日に行われた下院表決行動であるが、当日下院選挙法に関し4つの表決が実施され、珍しくすべて公開であったので、ここにその結果を載せた。

表41-1 第1表決（11時10分35秒）：上院で2度否決された原案

[1]	選択	新地域	自民党	農業党	共産党	統一合意	ヤブロコ	女性	民主党	12・12	道	無所属
賛	50%	24%	88%	87%	96%	29%	86%	91%	77%	5%	58%	38%
否	11%	40%	3%	4%	…	13%	4%	4%	…	33%	8%	33%
棄	4%	6%	…	2%	…	3%	…	…	…	…	…	…
欠	34%	30%	9%	7%	4%	55%	11%	4%	23%	62%	33%	29%
合計	100%	100%	100%	100%	100%	100%	100%	100%	100%	100%	100%	100%

表41-2 第2表決（11時12分59秒）：調停委員会が提示した修正案

[2]	選択	新地域	自民党	農業党	共産党	統一合意	ヤブロコ	女性	民主党	12・12	道	無所属
賛	56%	75%	6%	11%	7%	32%	4%	4%	…	38%	17%	52%
否	6%	5%	73%	37%	87%	3%	71%	43%	38%	5%	42%	19%
棄	1%	…	…	4%	2%	…	9%	…	…	…	…	…
欠	37%	21%	20%	48%	4%	65%	25%	43%	62%	57%	42%	29%
合計	100%	100%	100%	100%	100%	100%	100%	100%	100%	100%	100%	100%

表41-3 第3表決（11時15分4秒）：原案の再採決

[3]	選択	新地域	自民党	農業党	共産党	統一合意	ヤブロコ	女性	民主党	12・12	道	無所属
賛	49%	25%	89%	91%	98%	29%	86%	91%	85%	14%	67%	38%
否	13%	48%	3%	4%	…	16%	4%	4%	…	24%	8%	33%
棄	3%	2%	…	…	…	3%	…	…	…	…	…	5%
欠	36%	25%	8%	6%	2%	52%	11%	4%	15%	62%	25%	24%
合計	100%	100%	100%	100%	100%	100%	100%	100%	100%	100%	100%	100%

表41-4　第4表決（11時46分23秒）：原案の最終採決

[4]	選択	新地域	自民党	農業党	共産党	統一合意	ヤブロコ	女性	民主党	12・12	道	無所属
賛	60%	19%	91%	91%	98%	39%	86%	96%	85%	5%	75%	38%
否	14%	44%	3%	4%	…	10%	4%	4%	8%	43%	8%	38%
棄	1%	6%	…	…	…	3%	…	…	…	…	…	…
欠	24%	30%	6%	6%	2%	48%	11%	…	8%	52%	17%	24%
合計	100%	100%	100%	100%	100%	100%	100%	100%	100%	100%	100%	100%

出所（全表41）：*GOSUDARSTVENNAIA DUMA*, Stenogramma zasedanii, Vesenniaia sessiia, Tom 17, 1995, pp. 699-707

　上記4回の表決は5月11日午前11時台にすべて採られたので、各会派はそれぞれの会派リーダーによって指針は示されていたとしても、会派会議を開き党議拘束をかける時間的余裕すらなかったと思われる。この頃はまた上院と下院の意見の開きが大きく下院内では会派を越えて意見が一致していたかのような印象を与えていた。上表をみると、小選挙区の選出議員で構成されている「新地域政策」会派が上院案（第2回の表決）に近く、下院原案に積極的でなかったのはわかるとしても、興味深いのは政権与党会派の「ロシアの選択」それに与党に近いロシア統一合意党メンバーの多くが表決に参加していなかった点である。これはおそらくエリツィン大統領の意向をはかりかねてこうなったか、もしくは政策集団としての政党意識が薄かったことが統計に現れているのではなかろうか。

表42　1995年5月11日の表決：4議決

会派リーダー	会派	1	2	3	4	総数	票数	%
Gaidar, E.T.	ロシアの選択	欠	欠	欠	賛	70	4	6%
Medvedev, V.S.	新地域政策	否	賛	否	否	63	22	35%
Zhirinovskii, V.V.	ロシア自民党	賛	否	賛	賛	64	46	72%
Lapshin, M.I.	ロシア農業党	賛	否	賛	賛	54	18	33%

第4章　立法活動

Ziuganov, G.I.	ロシア共産党	賛	否	賛	賛	46	39	85%
Shakhrai, S.M.	統一合意党	欠	欠	欠	欠	31	14	45%
Iavlinskii, G.A.	ヤブロコ	賛	否	賛	賛	28	20	71%
Lakhova, E.F	ロシアの女性	賛	否	賛	賛	23	10	43%
Govorukhin, S.S.	ロシア民主党	賛	欠	賛	賛	13	5	38%
Braginskii, A.P.	12/12同盟	欠	欠	欠	欠	21	10	48%
Baburin, S.N.	ロシアの道	賛	否	賛	賛	12	5	42%
無所属						25		
議　員　総　数						450		

注：賛－賛成、否－否決、棄－棄権、欠－投票不参加

　表42は上記（表41）4回の表決で各会派の構成員が彼らのリーダーとどれぐらい5月11日の表決（4議決）で同一歩調をとったかどうかを調べた表である。同表をみて、会派の組織力、リーダーの統率力、リーダーへの信頼感などをある程度占うことができるであろう。最も強い結束力を示したのはロシア連邦共産党であり、最悪なのは政権与党会派の「ロシアの選択」であった。興味深いことに同表で5割を切った会派は同年12月に行われた下院選挙ですべて敗退し、そして比例代表区で5％条項をクリアした会派は同表で7割以上のロシア自民党、ロシア連邦共産党、「ヤブロコ」の3会派のみであった。

表43　上院表決：下院修正案（1995年6月14日）

	全体		ウラル	シベリア	沿ボルガ	極東	黒土地帯	中央	北カフカス	北西
賛	76	43%	31%	40%	46%	50%	83%	46%	21%	43%
否	26	15%	19%	23%	4%	13%	…	17%	16%	19%
棄	13	7%	13%	9%	13%	4%	…	8%	11%	…
欠	60	34%	38%	29%	30%	33%	17%	29%	49%	38%
欠員	3	2%	…	…	8%	…	…	…	4%	…
合計	175	100%	100%	100%	100%	100%	100%	100%	100%	100%

注：この時点での上院空席は北カフカス１、沿ボルガ２。
出所：*SOVET FEDERATSII, Biulleten'*, No.1, Dvadtsat' ogo zasedania, 1995, pp. 62-63. 表決データの集計処理は著者

　上院は既述したように６月15日同法案を承認し選挙法を成立させたのであるが、その前日（６月14日）の表決（表43）で最後まで抵抗していた地域がみえてくる。北カフカスと黒土地帯を除き他地域の投票行動は全体の投票行動とほぼ同じであり、いずれも反対というよりは投票不参加であり消極的な姿勢を示していた。その中で黒土地帯のみ積極的な姿勢であり、下院修正案をいち早く承認した。反対に北カフカス地域は最後まで消極的な姿勢を示した。
　この選挙法成立過程でのエリツィン大統領の果たした役割をみてみると、元来上院の考えに近い立場であり、また下院の原案に拒否権を行使したにもかかわらず、根本的には、ねばり強く対話の場を設け（当時大統領補佐官サタロフの大統領への強いアドバイスもあり）、下院側からぎりぎりの譲歩を求めたが、結局は下院側の総意を汲んで下院原案に歩み寄り、バランサーの役割を演じ政治システムの動きを止めなかったことである。これらひとコマひとコマのリーダーのとった行動が後々振り返ってみると政治メカニズム形成に寄与していたと評価できるかもしれない。
　1999年12月下院選挙に向けて、同年５月から６月にかけて下院選挙法が上下両院で審議にかけられたが、前回争点となった比例代表区と小選挙区の割合の問題は起こらず、すなわち基本的には95年下院選挙法が若干の修正を伴い短期間で成立した。院内会派の多くが現行の下院選挙法は定着したと受け止めており、またこの平静さは国民にも広く支持されていることを物語っている。

３．国際条約法案

　国家が締結した国際条約は連邦議会で批准を必要とするが、議会が批准を却下した事例は極めて少ない。ここに示したのは、連邦議会で、国家の外交政策指向とは異なる結果が、党派や地域を越えて、表決に現れた２つの事例

である。

(1) 戦利文化財返還拒否法案

1995年4月22日、下院は第2次世界大戦でソ連軍が国外からもち帰った文化財の返還に関連する決議の採択において、当面はすべてを凍結すると決めていた。ところが、96年7月5日、下院はこれら文化財を返還しない旨の法案を圧倒的多数で採択した（賛成317票、反対1票、棄権1票)[14]。上院も97年3月5日同法案を承認したが、エリツィン大統領は、この法律が欧州、とくにロシアがペレストロイカ以降手厚い経済支援を受けているドイツで激しい非難を呼び起こしていることから、同法案への署名を拒否した。

表44　上院表決：戦利文化財返還拒否法案（1997年3月5日）
執行部代表

	全体	ウラル	シベリア	沿ボルガ	極東	黒土地帯	中央	北カフカス	北西
賛	67(75%)	88%	80%	69%	60%	100%	75%	73%	55%
否	…	…	…	…	…	…	…	…	…
棄	2(2%)	13%	5%	…	…	…	…	…	…
欠	20(23%)	…	15%	31%	40%	…	25%	27%	45%
欠員	…	…	…	…	…	…	…	…	…
合計	89(100%)	100%	100%	100%	100%	100%	100%	100%	100%

立法府代表

	全体	ウラル	シベリア	沿ボルガ	極東	黒土地帯	中央	北カフカス	北西
賛	73(82%)	88%	95%	85%	80%	83%	84%	80%	55%
否	…	…	…	…	…	…	…	…	…
棄	…	…	…	…	…	…	…	…	…
欠	13(15%)	13%	5%	15%	20%	…	8%	10%	45%

---

[14] *GOSUDARSTVENNAIA DUMA, Stenogramma zasedanii*, Vesenniaia sessiia, Tom 16, 1995, pp. 646-647

| 欠員 | 3(3%) | … | … | … | … | 7% | 8% | 10% | … |
| 合計 | 89(100%) | 100% | 100% | 100% | 100% | 100% | 100% | 100% | 100% |

注：この時点での上院立法府代表の空席は中央ロシア1、北カフカス1、黒土地帯1。
出所：*SOVET FEDERATSII, Biulleten'*, No.1, Vosemnadtsatogo zasedaniia, 1997, pp. 62-63.
　　　表決データの集計処理は著者

　上記上院での表決をみると、相対的に、黒土地帯を除き、執行部代表の方が立法府代表より消極的であり、なかでも沿ボルガや北西ロシアはより消極的であったといえるであろう。地域ごとの欧州、とくにドイツとの協力関係の強弱がこの法案への温度差となって現れたと思われる。
　エリツィン大統領は、現在ロシア国内に保管されている文化財に関する法律が、国際法の規定を考慮しておらず、戦利品の文化財をロシアの所有物とすることを一方的に宣言しているとし、また議会において個人投票の原則が遵守されなかったことは「憲法に定められた法案採択手続きに違反した」との理由で97年5月22日議会に差し戻した[15]。この法律は2度にわたって大統領に拒否されたため、ロシア憲法裁判所が98年4月6日大統領に署名を義務付ける決定を下した[16]。エリツィン大統領にとって、議会でのこの敗北は、政権基盤の脆弱さを露呈し、外交面でも面子を失い、彼の指導力に限界がみえた事例といえるであろう。

（2）START2（第2次戦略兵器削減条約）批准法案
　START2（第2次戦略兵器削減条約）批准法案が2000年4月10日、下院で、左派系会派のロシア連邦共産党、「農工代議員グループ」、それに一部の無所属議員を除き、圧倒的多数の票を得て採択された。上院での本批准法案も同月19日（賛成122、反対15、棄権7）承認された[17]。

---

[15] *Rossiiskaia gazeta*, 22/5/1997
[16] *Rossiiskaia gazeta*, 6/4/1998
[17] *Rossiiskaia gazeta*, 20/4/2000

表45　下院表決：START 2（第2次戦略兵器削減条約）批准法案（2000年4月10日）

	全体－人数(%)	共産党	農工議員	統一	祖国	自民党	右派勢力	ヤブロコ	人民代議員	地域	無所属
賛	287(64%)	1%	2%	100%	91%	94%	88%	95%	98%	78%	37%
否	132(29%)	94%	93%	…	…	…	…	…	…	17%	16%
棄	4(1%)	…	2%	…	2%	…	…	…	…	…	10%
欠	24(5%)	5%	2%	…	6%	6%	12%	5%	2%	5%	37%
欠員	3(1%)	…	…	…	…	…	…	…	…	…	…
合計	450(100%)	100%	100%	100%	100%	100%	100%	100%	100%	100%	100%

出所：*Sovetskaia Rossiia*, 15/4/2000　（表決データ集計処理済資料）

START2 は米ロ間で1993年1月すでに調印した条約で、両国で13,000発以上ある戦略核弾頭を両国共3,500発まで削減し、多頭弾 ICBM を全廃することなどが条約の内容となっていた。調印された当時、共産党などが START2 批准に反対した理由はロシアの多目標弾頭（MIRV）方式のミサイル SS-18 が全廃されることであった。SS-18 は弾道弾迎撃ミサイル防衛（ABM）システムを突破して、米国の固定式大陸間弾道ミサイル（ICBM）を即時破壊する能力をそなえていた。その後 NATO の東方拡大やユーゴスラビア空爆などでロシアの「大国意識」を傷つけられ、また、チェチェン問題では「ロシア国内問題への米国の干渉」と受けとめ、左派系や民族派が多数を占める第1・2期の下院は批准承認を延期していた。大統領選で勝利を得たプーチン次期大統領は大統領選直後各会派代表を交えた拡大安全保障評議会で同条約の早期批准を要請していた。そこで協議されたプーチン政権の「新外交概念」は、核軍縮などの全人類的な価値体系を敷衍させるため、ロシアの国益を害さない形で、国際社会でリーダーシップをとることであったと思われる。

下院での表決の際、反対したのは、主に共産党82票、「農工代議員グループ」39票であり、これ以外の会派からまとまった反対票を得ることはできなかった。つまり、他のほとんどの会派（民族派のロシア自民党も賛成に転ずる）も賛成票を投じ、政権与党「統一」に同調する結果になった。

　これで、プーチン大統領は、一足先に同条約を批准した米国と批准書を交換できるのであるが、下院は、下記の条件（大統領案）のもとでのみ批准書を交換できることで採択した。下院は、同日、同条約の履行期限の2007年までの（実質5年間）延長やABM制限条約からのTMDの切り離しなどを決めた1997年9月の米ロ合意文書も同時に採択した。戦略兵器の解体費用の問題があったが、1997年の米ロ合意で実行期間が延長されたため、ほとんどのミサイルが耐用年数を過ぎた後で退役することになり、解体費用は大幅に軽減されることになった。ロシア下院はまた、14日の批准承認で米国がABM制限条約遵守を約束することを批准書交換の条件とした。ABM制限条約では迎撃システムの配備が1カ所に限定されているが、米国は現在イラン、イラク、北朝鮮などからの核攻撃を念頭に国家ミサイル防衛（NMD）システム（米本土に6カ所の迎撃システム配備）のため、既存のABM制限条約改訂を望んでいた。ロシアは米ロ間の戦略核バランスを崩すとして条約改訂に反対していた（その後米国は同条約を更新しないことを決定した）。同じような条件の下で、ロシア上院も4月19日START2批准法案を圧倒的多数で承認した。大統領の署名を得、これでロシア側としては批准手続きが完了したことになった。米国が2001年12月13日ABM制限条約から一方的に脱退することを宣言したのに対し、ロシアはこれを米国外交の質的変化の新しい段階と位置付け、両国間の今後の核兵器削減交渉に懸念を表明している[18]。

　プーチン政権はまた軍縮交渉を優位に進めるため、積極的な外交を展開している。

- まず、START3の予備折衝ですでに米国が2,000～2,500発への削減、ロシアは1,000～1,500発への削減を提示し、国際社会に核軍縮指向をア

---

[18]「モスクワ放送」2001年12月13日、『ロシア政策動向』、第20巻、第26号、No.407、p.10

第4章　立法活動

ピールしている。実際は経済の混乱で大量の戦略核を維持できないという現実的な判断が背景にある。
・その後米上院が承認を拒んでいる包括的核実験禁止条約（CTBT）の批准手続きを米国より先に進め、ロシア議会両院はこの批准法案も承認した。これで国連で始まった核不拡散条約（NPT）再検討会議を通じ核軍縮で攻勢をかけている。

4．国家の象徴法案

ソ連邦崩壊後、ロシア連邦国家の象徴：国家、国旗、紋章、軍旗につき、曖昧なままになっていたが、2000年12月8日下院はこの懸案に決着をつけた。4つの連邦国家象徴法案は、国家統合の結実の証として大統領が提出したものであった。なかでも、国歌はアレクサンドル・アレクサンドロフが1944年に作曲した旧ソ連時代の国歌であり、作詞は異なるものを後日採用するとはいえその時代を象徴するいわくつきのメロディーであった。国旗（三色旗）と紋章（双頭の鷲）はロシア帝政時代のものであり、左派政党会派（共産党と「農工代議員グループ」）はそれらの採択には若干躊躇したものの、国歌と軍旗には政権与党会派そして保守系会派ともどもほとんどが賛成票を投じた。自由民主主義指向の強い「ヤブロコ」と「右派勢力同盟」はこれらの採択には強く抵抗したが、保守系会派に押し切られたのが下記の投票行動でわかる。エリツィン前大統領も旧ソ連時代の国歌の採択にはかなり否定的であったが、プーチン大統領への国民の高い支持率が、ここでも法案採択を容易にさせたといえるであろう。

表46-1　下院表決1：国歌

[1]	全体－人数(%)	共産党	農工議員	統一	祖国	自民党	右派勢力	ヤブロコ	人民代議員	地域	無所属
賛	379 (84%)	99%	100%	98%	94%	100%	6%	…	97%	93%	62%

147

		共産党	農工議員	統一	祖国	自民党	右派勢力	ヤブロコ	人民代議員	地域	無所属
否	51 (11%)	…	…	1%	2%	…	90%	…	…	…	15%
棄	2 (1%)	…	…	…	2%	…	4%	…	…	…	…
欠	13 (3%)	1%	…	1%	2%	…	0%	100%	3%	7%	23%
欠員	5 (1%)	…	…	…	…	…	…	…	…	…	…
合計	450 (100%)	100%	100%	100%	100%	100%	100%	100%	100%	100%	100%

表46-2　下院表決2：国旗

[2]	全体－人数(%)	共産党	農工議員	統一	祖国	自民党	右派勢力	ヤブロコ	人民代議員	地域	無所属
賛	341 (76%)	71%	62%	98%	96%	100%	6%	…	98%	87%	69%
否	20 (4%)	11%	14%	…	…	…	…	…	…	11%	…
棄	2 (0%)	…	2%	…	…	…	…	…	…	…	…
欠	83 (19%)	18%	22%	2%	4%	0%	94%	100%	2%	2%	31%
欠員	5 (1%)	…	…	…	…	…	…	…	…	…	…
合計	450 (100%)	100%	100%	100%	100%	100%	100%	100%	100%	100%	100%

表46-3　下院表決3：紋章

[3]	全体－人数(%)	共産党	農工議員	統一	祖国	自民党	右派勢力	ヤブロコ	人民代議員	地域	無所属
賛	342 (76%)	73%	69%	94%	96%	100%	6%	…	98%	89%	77%

第4章　立法活動

	全体-人数(%)	共産党	農工議員	統一	祖国	自民党	右派勢力	ヤブロコ	人民代議員	地域	無所属
否	19(4%)	…	14%	…	…	…	…	…	…	7%	…
棄	3(1%)	11%	0%	2%	…	…	…	…	…	2%	…
欠	81(18%)	…	17%	4%	4%	…	94%	100%	2%	2%	23%
欠員	5(1%)	16%	…	…	…	…	…	…	…	…	…
合計	450(100%)	100%	100%	100%	100%	100%	100%	100%	100%	100%	100%

表46-4　下院表決4：軍旗

[4]	全体-人数(%)	共産党	農工議員	統一	祖国	自民党	右派勢力	ヤブロコ	人民代議員	地域	無所属
賛	387(86%)	99%	98%	98%	96%	94%	15%	…	98%	100%	77%
否	1(0%)	…	…	…	…	…	3%	…	…	…	…
棄	…	…	…	…	…	…	…	…	…	…	…
欠	57(13%)	1%	2%	2%	4%	6%	82%	100%	2%	0%	23%
欠員	5(1%)	…	…	…	…	…	…	…	…	…	…
合計	450(100%)	100%	100%	100%	100%	100%	100%	100%	100%	100%	100%

出所（全表46）：*Sovetskaia Rossiia*, 9/12/2000. 会派別表決集計は著者

5．土地法典

　市場経済化のバロメーターのひとつとして土地の自由化・市場化があげられる。土地の国有化が当然のこととして受け止められてきた70年以上におよ

ぶ社会主義体制、国民一般の「国土」に対する強力な共感、そしてエリツィン体制下の下院で最大勢力を維持してきた革新政党（土地、とくに農地の私有化に反対）などの背景があり、これまで土地法典の整備が遅れに遅れていた。連邦法によれば、1993年以降市民の財産権は認められているが、所有権、とくに土地、不動産の私有権の法的基盤が未整備で、さらに土地の売買は認められていなかった。しかし、土地法整備を遅らせれば遅らせるほど、土地所有に関する連邦法と多くの構成主体法間に矛盾が生じ[19]、利害関係をより複雑なものにしていった。また、外国資本の大規模の直接投資を呼び込めない理由の一つに商業地売買の法的未整備があったのはいうまでもない。

プーチン政権成立以来、プーチン大統領は土地法の法典化に向け、効率的にリーダーシップをとっていった。エリツィン体制時代も、大統領は年頭教書ごとに土地改革の重要性を説き、97年末開催された「円卓会議」でもコンセンサスを取り付ける政治的努力をし、98年には土地関係調整法案を連邦議会に提出したが成立に至らなかった[20]。エリツィン体制下、このように土地民有化に必要な法的手続きが策定されず、大統領令のみで民営化の扉を開いたため、ロシア農地の実に63％がすでに偏った形で民有化されていたという[21]エリツィン時代の土地政策をプーチン自身が厳しく批判した。プーチン大統領の最初の2000年頭教書でも優先課題の一つとして土地法典の成立を強調したが[22]、2001年に入ると積極的に国家権力機関に働きかけた。まず、同年1月に共産党会派出身のセレズニョフ下院議長と会談し、下院に提出予定の土地法典草案が農地の自由な売買の禁止を盛り込んだものになるとの保障をし、同法典案への理解と、下院での滞りない審議を要請した[23]。2月に開

---

[19] 例えば、サラトフ州議会は97年11月、土地の自由売買を認める州の土地所有法を採択していた。*Rossiiskaia gazeta*, 12/11/1997

[20] 同法案の基本的原則は1）農地の目的通りの利用の維持、2）農地の外国人による所有の制限、3）農地の質を悪化させることの禁止、4）土地売買手続きの「透明性」。98年度連邦議会への教書参照。*Rossiiskaia gazeta*, 24/2/1998

[21] 2001年12月24日ロシア公共テレビ（ORT）にてプーチン大統領国民の質問に答える。『ロシア月報』、第702号、平成13年12月号、p.2

[22] *Rossiiskaia gazeta*, 11/7/2000

[23] *Rossiiskaia gazeta*, 10/1/2001

催された連邦構成主体首長からなるロシア国家評議会で、土地改革問題が討議され、プーチン大統領は、土地改革問題の検討加速を呼びかけ、同時に地方に最大限の自由を与えることが必要だとの見解を表明した[24]。これに先立ち、同評議会の議事日程を決めたロシア国家評議会幹部会でも、評議会同様議長役を務めるプーチン大統領はすでに土地問題の解決を呼びかけ、幹部会は農地売買と土地法典の切り離しを勧告していた[25]。このように土地の民間取引を、最初の段階では、工業用地の活性化につながる法的条件を創出し、農業用地の一定の権限は地域レベルに委譲することにあったように思われる[26]。2001年頭教書では、後者の点についてはさらに押し進めて、農業用地の流通規制は特別の連邦法の採択を必要としており、農地の流通への移行時期の問題を独自に解決する権利を連邦構成主体に与えるべきだとしていた[27]。

　大統領はそのような内容を含む土地法典案の準備を4月中に完了するよう2001年2月政府に指示し、カシヤノフ首相も、副首相、主要閣僚との会議で土地法典の準備状況を討議していた[28]。土地法典は経済発展・貿易省で起草され、それが政府案となって同年4月26日下院に送付された。同日、プーチン大統領はセレズニョフ下院議長と再度同法案の下院審議について会談し、また農地の自由売買に反対する下院「農工代議員グループ」のリーダー、ハリトノフ議員とも個別に会談し、同法案は農地の自由取引問題を慎重に扱っていることに理解を示してくれるよう要請した[29]。丁度、その頃、下院内では、次期連邦下院議会総選挙（憲法上は2003年12月）を視野に入れて、中道会派の政治的連携の動きが表面化してきた。まず、4月に下院グループ「ロシアの地域」、「人民代議員」、「統一」、「祖国・全ロシア」の4会派は中道連合

---

[24] *Rossiiskaia gazeta*, 21/2/2001

[25] *Rossiiskaia gazeta*, 30/1/2001

[26] *Izvestia*, 22/3/2001

[27] *Rossiiskaia gazeta*, 4/4/2001

[28] *Rossiiskaia gazeta*, 29/1/2001; 21/2/2001

[29] *Rossiiskaia gazeta*, 26/4/2001

の結成を提唱すると言明し、6月初旬になると「統一」と「祖国・全ロシア」会派は、両者を統合した政党を作る方向で正式に「連合」の結成をした[30]。

同政府案に理解を示していたロシア自民党と「ヤブロコ」会派の協力を得て、下院評議会では、同法案を、「農工代議員グループ」が支配する下院農業委員会に送付することを避け、下院財産委員会に逐条審議を依頼することになった。下院財産委員会は6月13日、政府提案の土地法典の基本理念を承認し、下院は同月15日第1読会で、政府提出の土地法典案を、共産党と「農工代議員グループ」は表決に参加しなかったが、採択した[31]。プーチン大統領は、土地法典の第2読会審議ではすべての修正案を検討する用意があるとセレズニョフ下院議長に約束し、下院が夏休みに入る前に、第2読会審議が終了するよう促した[32]。

表47 下院表決：土地法典案（第1読会 2001年6月15日）

	全体－人数(%)	共産党	農工議員	統一	祖国	自民党	右派勢力	ヤブロコ	人民代議員	地域	無所属
賛	251 (56%)	…	…	100%	82%	92%	97%	95%	75%	35%	47%
否	22 (5%)	…	…	…	9%	8%	…	…	10%	18%	18%
棄	3 (0%)	…	…	…	2%	…	…	…	…	5%	…
欠	166 (37%)	100%	100%	…	7%	…	3%	5%	15%	42%	35%
欠員	8 (2%)	…	…	…	…	…	…	…	…	…	…
合計	450 (100%)	100%	100%	100%	100%	100%	100%	100%	100%	100%	100%

出所：*GOSUDARSTVENNAIA DUMA, Stenogramma zasedanii, Biulleten'*, 101 (549), 2001, pp. 2-47（議会討論含む）。表決データの集計処理は著者

[30] *Rossiiskaia gazeta*, 12/4/2001; 1/6/2001
[31] *Sovetskaia Rossiia*, 19/6/2001
[32] *Rossiiskaia gazeta*, 15/6/2001

第1読会で採択された同政府案を第2読会で不採択にし、廃案にもち込むため、共産党は立法手続き規定を利用することにした。そこには、下院で採択された連邦法が89の連邦構成主体のうち少なくとも30の構成主体議会の賛同が得られなければ、調整委員会を設置しなければならないとされ、共産党はすでに26の構成主体議会で同政府案は否決されていると報告した。この共産党の戦術に対し、「統一」会派も80の構成主体議会から同政府案への賛成の報告を得ていると反論した。カシヤノフ首相は両会派の報告の信憑性を司法省に依頼した。下院財産委員会は、会期延長して開催される下院本会議（7月14日）の議事日程に同法案を載せることに成功したが、他方、共産党は下院評議会で調整委員会設置案を議題にすることができなかった。

表48　下院表決：土地法典案（第2読会　2001年7月14日）

	全体－人数(%)	共産党	農工議員	統一	祖国	自民党	右派勢力	ヤブロコ	人民代議員	地域	無所属
賛	253 (56%)	…	…	97%	93%	100%	100%	94%	63%	49%	47%
否	152 (34%)	95%	98%	…	5%	…	…	…	17%	26%	24%
棄	6 (1%)	…	…	…	…	…	…	…	5%	7%	…
欠	33 (8%)	5%	2%	3%	2%	…	…	6%	15%	18%	29%
欠員	6 (1%)	…	…	…	…	…	…	…	…	…	…
合計	450 (100%)	100%	100%	100%	100%	100%	100%	100%	100%	100%	100%

出所：GOSUDARSTVENNAIA DUMA, Stenogramma zasedanii, Biulleten', 103 (561), Chat' II, 2001, pp. 2-46（議会討論含む）。表決データの集計処理は著者

共産党および「農工代議員グループ」の左派系会派は院内討論だけでなく、マスコミを通じても、土地法典の採択は外国資本に国土を身売りするか、ま

たは少数の財閥の手に渡ることを意味すると世論に訴えた[33]。第1読会で表決の意思表示を示さなかった左派系会派は、第2読会では明確な否決票を投じたが、土地法典案は中道勢力の支持を得て採択された。しかし、「人民代議員グループ」や「ロシアの地域」会派は政権与党会派「統一」と中道連合を組んだにもかかわらず、党議拘束がゆるいせいか、同表決上では中道連合の一体性をみることができなかった。

表49　下院表決：土地法典案（第3読会　2001年9月20日）

	全体－人数(%)	共産党	農工議員	統一	祖国	自民党	右派勢力	ヤブロコ	人民代議員	地域	無所属
賛	257 (57%)	…	…	100%	93%	84%	95%	94%	74%	44%	37%
否	155 (34%)	100%	100%	…	5%	8%	…	…	14%	27%	26%
棄	1 (0%)	…	…	…	…	…	…	…	…	2%	…
欠	31 (7%)	…	…	…	2%	8%	5%	6%	12%	27%	37%
欠員	6 (1%)	…	…	…	…	…	…	…	…	…	…
合計	450 (100%)	100%	100%	100%	100%	100%	100%	100%	100%	100%	100%

出所：*Sovetskaia Rossiia*, 21/9/2001. 会派別表決データの集計処理は著者

　第3読会の表決で革新政党の共産党と「農工代議員グループ」、そして政権与党会派の「統一」は党議拘束をかけ結束力を示したが、ここでも中道勢力の大方の支持をえて、やっと政府案可決へと導くことができた。結果として第3読会では土地法典案に若干の字句の訂正をしただけで、表決に入ったということは、左派系会派にとって、もはや採択不可避とみなしたものと思われる。

---

[33] *Sovetskaia Rossiia*, 19/6/2001

表50　上院表決：土地法典案（2001年10月10日）

執行部代表

	全体	ウラル	シベリア	沿ボルガ	極東	黒土地帯	中央	北カフカス	北西
賛	61 (69%)	63%	79%	69%	70%	67%	58%	60%	73%
否	5 (6%)	…	…	…	10%	17%	17%	10%	…
棄	5 (6%)	…	5%	15%	…	…	…	20%	…
欠	18 (20%)	38%	16%	15%	20%	17%	25%	10%	27%
欠員	…	…	…	…	…	…	…	…	…
合計	89 (100%)	100%	100%	100%	100%	100%	100%	100%	100%

立法府代表

	全体	ウラル	シベリア	沿ボルガ	極東	黒土地帯	中央	北カフカス	北西
賛	43 (48%)	75%	58%	46%	80%	33%	33%	30%	27%
否	24 (27%)	…	26%	23%	…	50%	42%	40%	36%
棄	4 (4%)	…	…	8%	…	…	17%	10%	…
欠	16 (18%)	25%	16%	23%	20%	17%	8%	10%	27%
欠員	2 (2%)	…	…	…	…	…	…	10%	9%
合計	89 (100%)	100%	100%	100%	100%	100%	100%	100%	100%

注：この時点での上院立法府代表の空席は北西ロシア1、北カフカス1。
出所：*Sovetskaia Rossiia*, 11/10/2001. 地域区分別表決データの集計処理は著者

土地法典は上院でも可決され、制定された。土地法典が成立したということは、1917年のボルシェヴィキ革命以来はじめて、連邦法が国内の工業地の売買をロシア人および外国人に認めたことになる。しかし、土地法典は農地を除外しているので、ロシア国土のわずか2％の土地が売買の対象となった。前述したように農地の法的位置付けは今後独立した別法で制定化されることになる。今回の土地法典が市場で機能するには、物権法、銀行法、外国為替管理法、関税法、所得税法など20近くにおよぶ法改正を数年内に整備しなければならない[34]。上院での表決行動をみると、土地法典採択に対し、地域別の温度差（ウラル地域と極東地域はより積極的）があることと、構成主体各々の行政府と立法府が必ずしも同一歩調をとっていないことである。40の構成主体で両者の意見がかみ合わず、全体的に議会代表の方が消極的な姿勢を示していた。

---

[34] *Rossiiskaia gazeta*, 28/9/2001, 19/10/2001

第5章　監督活動

　ロシア連邦議会の重要な機能の一つに政府の行政執行活動への監督がある。この活動が頂点に達すると議会は国民の意思を具現し、政府不信任決議を政府に対しつきつけることになる。

1．政府不信任案

　エリツィン政権は1994年4月、全政治勢力との「社会的合意協定」を達成して、少なくとも一時的には政治的安定を獲得していった。「共産党員も民主主義者も『強国、精神的再生』というスローガンで団結しなければならない」というシュメイコ上院議長の発言もあれば[1]、「政治問題を路上で解決するのではなく、議会内で解決することであり、大統領・政府・議会間の協調体制が芽生えつつある」とルイプキン下院議長をして言わせるまでに政治が安定したかにみえた[2]。このため、大統領は従来の方針を変更し、与野党勢力が次期大統領候補を絞りこめない状況もあり、96年大統領選挙に再出馬する可能性を示唆した[3]。
　94年10月11日に起きたルーブル大暴落は、安泰ムードに酔っていたエリツィン政権に冷水をあびせ現実に引き戻す事変であった。ルーブル暴落はすぐに消費物資の値上げを引き起こし、経済界、政界に大きな波紋を呼び起こし、保守系政党が政府不信任決議の動きをみせるなど、政府への責任追及の

---

[1]『読売新聞』、1994/10/3
[2]*Moskovskie novosti*, 23-29/9/1994
[3]『日本経済新聞』、1994/10/27

動きが始まった[4]。この事変は、社会的合意協定の公然とした政府側の違反であったため、大統領は即座に中央銀行総裁と蔵相代行を解任し、原因究明委員会を組織した。これでルーブル暴落が一気に政治問題化し、政府不信任案が審議されることになった。もともと下院の政府不信任動議は、このルーブル暴落以前に議題に上っていたが、不信任案可決の見込みはほとんどないといわれていた[5]。しかし、このルーブル暴落に加え、10月17日には軍幹部の汚職を取材していた記者が殺害される事件が発生し、執行部批判を強める議会勢力を勢いづける結果となった。新憲法では、政府不信任案が可決されても、大統領には拒否権があり、下院が再可決した場合に、内閣を総辞職させるか、下院を解散させるかを選択しなければならない（憲法第117条）。ただし、下院の総選挙の日から1年以内（つまり94年12月12日まで）は下院を解散できないことになっていた（憲法第109条）。したがって、不信任案が可決されたとしても、ただちに内閣総辞職および下院解散ということにはならなかった。不信任投票の約1週間前（10月19日）の下院で、バブーリン（「ロシアの道」会派メンバー）の提出した「首相および中央銀行総裁による予算・財政制度の現状報告の実施」提案について採決された。この投票は27日に予定されていた不信任投票のリハーサルであったともいわれ、ロシア農業党、ロシア連邦共産党、ロシア自民党、「新地域政策」会派などが共闘し、この動議を採択するかにみえたが14票足らずで否決された。セマゴ共産党議員は、見込み票数を大幅に下回っていたので、再投票を下院議長に要請したが、ルイプキン下院議長は「これは個々の会派の規律問題である」として却下した背景があった[6]。

　エリツィン体制下、下院で何度か政府に対して不信任案が野党会派によって提起されたが、内閣の総辞職および下院解散には至らなかった。とくに、95年6月20日下院で過半数の票を得て政府不信任案が可決されたが、内閣は

---

[4]『朝日新聞』、1994/10/13
[5]『日本経済新聞』、1994/10/27
[6]*Moskovskie novosti*, 28/10-3/11/1994

総辞職せず、エリツィン大統領は内閣支持を表明し、またチェルノムイルジン首相の献身的な議会対策が功を奏して、再度野党から提起された政府不信任案は同年7月1日可決に必要な定数の過半数に達せず、不採択となった[7]。プーチン体制になり、これまでに1度だけ、ロシア共産党会派の提案により下院で審議された。

表51 下院表決：政府不信任決議案（2001年3月14日）

	全体－人数(%)	共産党	農工議員	統一	祖国	自民党	右派勢力	ヤブロコ	人民代議員	地域	無所属
賛	126 (28%)	94%	93%	…	…	…	…	5%	…	11%	…
否	76 (17%)	…	…	…	11%	…	97%	5%	55%	2%	21%
棄	5 (1%)	…	…	…	2%	…	3%	5%	2%	…	7%
欠	244 (54%)	6%	7%	100%	87%	100%	…	85%	43%	87%	72%
合計	450 (100%)	100%	100%	100%	100%	100%	100%	100%	100%	100%	100%

出所：*Sovetskaia Rossiia*, 15/3/2001（表決データ集計処理済資料）

共産党会派案を支持したのは「農工代議員グループ」会派、それにごく少数の他会派所属の議員である。政権与党会派「統一」はもとより、他会派のほとんどが同法案を不採択とした。否決票を投じたのは「右派勢力同盟」、それに若干の「人民代議員グループ」会派議員と無所属議員であったが、上表をみてもわかるとおり過半数以上の議員が不採択の意思表示を表決に不参加という形で示した。

---

[7] *Rossiiskaia gazeta*, 22/6/1995, 1/7/1995

2．大統領弾劾案

　これは下院第2期の後半99年5月13、15両日、本会議を3度開催し、大統領弾劾案を審議したケースである。同年12月に下院選挙、そして2000年の大統領選を控え、左派系3勢力（共産党、「人民に権力を」、農業党）が起こした政治的デモンストレーションであった。

　ロシア憲法第93条第1項は大統領に国家反逆および重大な犯罪があった場合、議会が大統領を罷免できると定めている。また同条は次のような厳しい手続きを定めている：下院議員3分の1以上による弾劾発議、下院特別委員会での承認、下院でそしてつぎに上院で3分の2以上の賛成、最高裁判所による犯罪要素の事実確認、最後に憲法裁判所による所定の弾劾手続き遵守の確認など。

　弾劾審議が連邦議会で進行している間大統領は下院解散権を行使できないので、左派系3勢力は、弾劾手続きが完了する頃下院選挙にもち込み、政治的ダメージをエリツィン大統領に与え、選挙戦を有利な形で展開したいと考え発議したと思われる。

　1998年6月、共産党は、下院議員258人の署名を得て弾劾要求文書を下院に提出した。下院に設置された弾劾特別委員会は99年2月、1）91年の旧ソ連邦解体決定、2）93年の最高会議ビル砲撃、3）94～96年チェチェン軍事侵攻、4）軍の弱体化、5）ロシア国民の虐殺（経済破綻などによる）、の5項目が弾劾に相当するとの判断を下した[8]。

　下院は当初大統領弾劾審議での公開投票を否決したが、その後議事運営規則を改正し公開投票を可能にした。採決方式は、従来行われていた電子式投票ではなく、投票用紙による記名投票（共産党にとって造反議員が出にくい方式）に決めた。

　採決結果はというと、5つの弾劾項目のいずれも可決に必要な定数の3分

---

[8] 『ロシア政策動向』、18巻、第8号、No.337、pp.1-2

の2の票（300票）に達しなかった。左派系3勢力の投票行動をみると、完璧なまでの結束力を示しており、チェチェン紛争罷免項目に「ヤブロコ」会派は一致して賛成するという党議拘束をかけていたので[9]、少なくともこの項目に限り可決する可能性を秘めていた。「ロシアの地域」会派メンバー（42人）の半分が賛成票を投じ、無所属（24人）議員の票が3分の1ずつ（賛・否・棄）割れる結果になった。おそらく政権与党会派は、無所属議員や会派規律が弱い「ロシアの地域」会派議員に個別にはたらきかけ、切り崩す戦略が功を奏したと思われる[10]。また、野党である共産党会派からも信任が厚かった当時のプリマコフ首相をエリツィン大統領は弾劾採決直前に解任し対立を先鋭化させたことが、早期解散を避けたい無所属議員らに心理的動揺を与えたに違いない。いずれにしてもこれら議員は、弾劾成立の結果突然の選挙を招き、自分の地位をそれに賭けるほどの強い意思はもっていなかったようである。弾劾決議に失敗した左派系勢力は数日後の同月19日、前内閣の基本路線の継承を条件[11]にステパシン首相候補を下院で採択した。

採決結果は下表の通りである。

表52-1　決議案：旧ソ連邦解体

[1]	全体－人数（％）	共産党	自民党	我が家	ヤブロコ	農工議員	人民権力	地域	無所属
賛	241 (54％)	98％	2％	2％	9％	100％	91％	45％	30％

---

[9] ヤブリンスキーは、大統領弾劾採決は大統領に議会すなわち国民への政治責任を再認識させるために必要な民主的プロセスであるとして、自己の立場を正当化している。*The Russian Journal*, Issue No. 13 (13), 26/4/1999

[10] 左派系農工代議員院内会派議長ハリトノフは「大統領陣営は無所属議員を抱き込むため、議員1人につき3万ドル提供した」といっている。*The Russian Journal*, Issue No. 16 (16), 17/5/1999

[11] その条件とは1）プリマコフ前内閣による経済への国家統制強化の路線を継承、2）外交での対西側強硬路線を維持、3）急進改革派を入閣させないなどであったという。『読売新聞』、1999/5/20

否	77 (17%)	…	…	63%	50%	…	…	18%	30%
棄	91 (20%)	1%	96%	35%	5%	…	9%	14%	33%
欠	18 (4%)	1%	…	…	20%	…	…	14%	7%
無	*13 (3%)	1%	2%	…	16%	…	…	9%	…
欠員	**10 (2%)	…	…	…	…	…	…	…	…
合計	450 (100%)	100%	100%	100%	100%	100%	100%	100%	100%

注：* 無は投票用紙の破棄や白票になった無効票を指す。
　　** 欠員10は下院議員欠員数を指している。

表52-2　決議案：最高会議武力制圧

[2]	全体− 人数（％）	共産党	自民党	我が家	ヤブ ロコ	農工 議員	人民 権力	地域	無所属
賛	263 (58%)	99%	4%	…	50%	100%	91%	50%	30%
否	60 (13%)	…	…	62%	18%	…	…	14%	30%
棄	91 (20%)	1%	96%	35%	5%	…	9%	14%	33%
欠	18 (4%)	…	…	3%	18%	…	…	14%	7%
無	8 (2%)	…	…	…	9%	…	…	9%	…
欠員	10 (2%)	…	…	…	…	…	…	…	…
合計	450 (100%)	100%	100%	100%	100%	100%	100%	100%	100%

第 5 章 　監督活動

表52-3　決議案：チェチェン紛争

[3]	全体ー人数（%）	共産党	自民党	我が家	ヤブロコ	農工議員	人民権力	地域	無所属
賛	284 (63%)	99%	2%	2%	80%	100%	89%	64%	40%
否	43 (10%)	…	…	57%	2%	…	2%	7%	13%
棄	91 (20%)	1%	96%	35%	5%	…	9%	14%	33%
欠	18 (4%)	…	2%	5%	11%	…	…	11%	13%
無	4 (1%)	…	…	2%	2%	…	…	5%	…
欠員	10 (2%)	…	…	…	…	…	…	…	…
合計	450 (100%)	100%	100%	100%	100%	100%	100%	100%	100%

表52-4　決議案：軍の崩壊

[4]	全体ー人数（%）	共産党	自民党	我が家	ヤブロコ	農工議員	人民権力	地域	無所属
賛	241 (54%)	97%	4%	3%	7%	100%	91%	45%	30%
否	78 (17%)	1%	…	60%	55%	…	…	18%	30%
棄	91 (20%)	1%	96%	35%	5%	…	9%	14%	33%
欠	16 (4%)	1%	…	…	16%	…	…	14%	7%
無	14 (3%)	1%	…	2%	18%	…	…	9%	…

欠員	10 (2%)	…	…	…	…	…	…	…	…
合計	450 (100%)	100%	100%	100%	100%	100%	100%	100%	100%

表52-5　決議案：ロシア国民の虐殺

[5]	全体ー人数（%）	共産党	自民党	我が家	ヤブロコ	農工議員	人民権力	地域	無所属
賛	237 (53%)	97%	4%	3%	7%	100%	91%	45%	30%
否	89 (20%)	1%	…	60%	55%	…	…	18%	30%
棄	91 (20%)	1%	96%	35%	5%	…	9%	14%	33%
欠	15 (3%)	1%	…	…	16%	…	…	14%	7%
無	8 (2%)	1%	…	2%	18%	…	…	9%	…
欠員	10 (2%)	…	…	…	…	…	…	…	…
合計	450 (100%)	100%	100%	100%	100%	100%	100%	100%	100%

出所（全表52）：*GOSUDARSTVENNAIA DUMA, Stenogramma zasedanii, Biulleten'*, No. 261 (403), 1999, pp. 36-62. 表決データの集計処理は著者

　今回の大統領弾劾審議は幸いにも長引かず、体制側としては水面下での努力の甲斐あって難を乗り越えたが、もし弾劾プロセスが最後までもつれ込んでいたらかなりの政治的空白をもたらしたであろう。ケンカ両成敗に終わった弾劾劇であったが、これを敢えて好意的に解釈すれば、強力な執行権限をもつ大統領に対し、議会はこのような過激な形でチェック機能を働かせることができるというデモンストレーションをしたと受け止めることもできるであろう。

エリツィン大統領は99年12月勇退したが、大統領職を退いた前大統領に対する身分保障が未整備であったため、その法案が審議された。2001年1月25日下院は第3読会で大統領経験者の身分保障法案を採択し、同月31日上院も同法案を承認した。ただし、重大な犯罪に関して刑事責任が提起された場合、大統領経験者の免責特権が剥奪されるという条件付きで、承認された。しかし、左派系会派のロシア連邦共産党と「農工代議員グループ」は一貫して同法案に反対した。

表53 下院表決：ロシア大統領経験者の身分保障法案（2001年1月25日）

	全体－人数(%)	共産党	農工議員	統一	祖国	自民党	右派勢力	ヤブロコ	人民代議員	地域	無所属
賛	279 (62%)	2%	…	95%	87%	100%	97%	79%	89%	72%	69%
否	130 (30%)	91%	90%	…	7%	…	3%	5%	6%	12%	6%
棄	1 (0%)	…	3%	…	…	…	…	…	…	…	…
欠	40 (8%)	7%	7%	5%	6%	…	…	16%	5%	16%	25%
合計	450 (100%)	100%	100%	100%	100%	100%	100%	100%	100%	100%	100%

出所：*Sovetskaia Rossiia*, 27/1/2001（集計済資料）

3．閣僚人事

ロシア政府は総選挙後の94年1月20日新たな政府閣僚名簿を発表した[12]。その構成に新政治勢力図および政府の路線変更が微妙に反映されていた。4人の副首相（ソスコヴェツ；チュバイス；ヤロフ；ザヴェリューハ）のうち第1副首相に再任命されたのはソスコヴェツだけで、それまで第1副首相を務めてい

---

[12] *Rossiiskie vesti*, 22/1/1994

たガイダル(「ロシアの選択」議長)は下院での活動に集中することを理由に辞任した[13]。また、ガイダルは同じ「ロシアの選択」メンバーで、下院議員であるチュバイス副首相(民営化担当)は職務を続けるべきであると強く支持したが、その他の自派の閣僚は各自が独自に決定すべきだとした。同じ「ロシアの選択」メンバーで、下院議員であり副首相兼蔵相でもあったボリス・フョードロフがザヴェリューハ(農業党)副首相とゲラシチェンコ中央銀行総裁の辞任を自分の再入閣の条件として提示したが、チェルノムイルジン首相とソスコヴェツ第1副首相はこの要求を受け入れなかった。フョードロフ副首相兼蔵相の留任は果たせなかったが、このときガイダルからは強力な支援が無かった模様である。その後、フョードロフは「ロシアの選択」を離れ、「12月12日同盟」会派の議長を務めた。シャフライ・ロシア統一合意党議長は、副首相を解任されたが、下院議員資格を維持したまま、民族問題・地域政策相に就任した。シャフライは、現在の経済危機がかなりの程度この2人(ガイダルとフョードロフ)の「仕事」の結果であり、この2人が閣外に去るのは当然とした[14]。同じロシア統一合意党メンバーのショーヒンは副首相ポストを解任され、経済相に任命された。

「ロシアの選択」グループのガイダル、フョードロフ、パンフィーロワ(下院議員そしてそれまでの住民社会保護相)が閣外に去り、改革派の影響力が小さくなったかにみえたが、改革派を代表してチュバイスが副首相に、そして保守派を代表してザヴェリューハが副首相におさまり、極右のロシア自民党からは一人の入閣もなかった。ザヴェリューハの副首相ポストはその後の政府の経済政策と議会運営(とくに対共産党・農業党・「ロシアの女性」会派関係)で興味ある展開をもたらした。また、チェルノムイルジンも首相就任以来、徐々にエリツィンの朋友ロボフやシュメイコ第1副首相をも閣外に出し、より有機的に運営できる形に内閣を再編した。

大きな内閣改造が再び行われたのは、下院で政府不信任案が審議された95

---

13)「モスクワ放送」、1994年1月16日、『ロシア月報』、第607号、平成6年1月号、p.37
14)「オスタンキノテレビ 'novosti'」、20/1/94、『ロシア月報』、同上、p.41

年10月27日以降のことである。政府不信任案は賛成194、反対54、棄権55で否決（可決ラインは226票）されたが、下院は翌28日政府の社会・経済政策に不満を表明、大統領と首相に内閣改造を求める決議を、賛成235、反対58、棄権2で採択した[15]。政府不信任案が否決されたとはいえ、4割の議員が政府不信任案を支持したことと議会の内閣改造要求を飲む形で、すでに、大統領は27日、農業党のナザルチュク下院農業問題委員会議長を農業・食料相に任命した。一時はロシア連邦共産党入閣問題も討議され（実際、第2期には法相や副首相などにロシア連邦共産党からの入閣があった）、政府が大胆な議会懐柔策に出たときもある[16]。また、95年10月11日のルーブル暴落の責任者としてドゥビニン蔵相代行を解任し、95年11月4日、94年1月から空席となっていた蔵相にパンスコフ大統領府財政予算局長を任命した。パンスコフは政治色が無く、旧ソ連財務省に25年間勤務、予算担当の次官まで務めた実務家であった。「予算は緊縮のための緊縮であってはならない」と述べるような人物を、自分に何も相談なしに任命したと大統領に抗議して、ショーヒンは即座に副首相兼経済相を辞任した。ショーヒンは95年度政府緊縮予算案や経済安定化3カ年計画、それにロシアの対外債務問題で債権国との交渉に当たるなど、経済改革の推進役として首相を支えてきた[17]。同じく政治色の薄い実務派と呼ばれているダヴィドフ対外経済関係相が副首相に任命され、ロシア対外債務問題を担当した[18]。新経済相には政策指向のヤーシン大統領府付属経済分析センター所長が任命された。そして、国営企業の民営化を進めてきたチュバイス副首相が第1副首相に昇格した。また、大統領経済担当補佐官に改革派のリフシツ大統領直属専門家グループの責任者が任命された。これは、95年度予算案に国際機関から多額の支援を当てにしての任用だったといわれている[19]。

---

[15] 『読売新聞』、1994/10/29
[16] 『読売新聞』、1994/10/5
[17] 『日本経済新聞』、1994/10/5, 9, 13
[18] 『朝日新聞』、1994/11/10
[19] 『朝日新聞』、1994/11/27

ロシア第2の都市の代表を閣内に入れるべきだと主張するルイプキン下院議長のかねてからの意向を反映させ、サンクトペテルブルグの経済人ボリシャコフが副首相に任命された。また、中央政界では無名のポレヴァノフ前アムール州知事がこれまでチュバイスが務めていた副首相兼国家財産管理委員会議長に抜てきされた[20]。この内閣改造はエリツィン大統領主導の人事であり、ルーブル暴落を内閣改造転機と捉え、行政府への巻き返しを狙う大統領府、それに95年度予算案審議を控え、議会勢力に呼応して用意されたものである。この内閣改造が理由で辞任したと噂されたのが、チェルノムイルジン首相の盟友であるクワソフ内閣官房長官であり[21]、またコスチコフ大統領報道官であった。コスチコフの場合、とくにエリツィン大統領の政治姿勢の変化に批判的であり[22]、大統領府内部の主導権争いはかねてから噂されていた（大統領選挙をめぐり、選挙による洗礼を主張するコスチコフ大統領報道官と、選挙を回避し任期延長を画策しているとされるイリューシン大統領首席補佐官との政権内部の対立が表面化していた）[23]。

　以上にあげた不信任案と閣僚人事の事例は、憲法の規定上2年間という暫定期間、つまり第1期に起きた事例を中心としている。この期間は2年間という時限付きであり、この間の閣僚人事は議員の閣僚ポストの兼任という形で、執行部が議会の政治圧力に対し応答することがあった。第2期から閣僚ポストとの兼職禁止規定が遵守されて以来、執行部によるこのような応答が少なくなったとはいえ、議会の圧力をかわす一つの手段であることは変わらない。

　1996年中頃に大統領選を控えていたのでエリツィン政権側はつぎのような議会戦略を立てたと推測できる。それは（大統領選後も、エリツィン体制の間大方続いていたようにみえるが）、市場経済化政策の多くを大統領令で遂行し、社会保障政策面（高齢者や失業者も含む社会的弱者の救済や公務員の賃金未払い問題など）

---

[20] 『朝日新聞』、1994/11/10
[21] *Moskovskie novosti*, 18-24/11/1994
[22] 『日本経済新聞』（夕刊）、1994/11/17
[23] 『読売新聞』、1994/10/3

その他の人道的政策面（死刑や徴兵制の段階的廃止、それにチェチェン停戦問題など）で左派系諸政党にできるだけ譲歩し、ロシア連邦共産党に政策面で歩み寄ったことである。つぎに、政権側は、党派をこえて議員のなかから人材を発掘し、つまり適材適所の登用という名目で、野党勢力を自陣営内に取り込み、事実上連立内閣となっていた。このように組閣人事と議会対策は密接な関係にあるが、実際の運用はというと、少なくともキリエンコ内閣（98年4月～8月）までは重要な経済関連の閣僚ポストは改革派に、そして福祉・農業・労働閣僚ポストは革新派に配分されていた。97年10月、最大会派のロシア連邦共産党などが提出した政府不信任案で政権側は政治危機を迎えたが、エリツィン大統領は国政の最重要問題を話し合う円卓会議の開催に応じる意向を表明するなど、議会への妥協姿勢を示したため、危うく難を逃れた。97年12月に行われた4者（大統領・首相・両院議長）会談では、組閣（ただし権力機関の閣僚ポストを除く）に際し議会内の政治勢力を考慮するという合意[24]がなされ（98年4月キリエンコ内閣の組閣人事ではこれがほとんど無視されたが）、その他の面で野党側に譲歩したのも事実である[25]。このようにして97年暮れの政府不信任案可決を政権側は回避できたが、重要な点は、行政府対立法府という対立項での政治闘争にはならず、4者会談とか円卓会議（25人構成）[26]の「場」を

---

[24] この「4者会談」でエリツィン大統領は上下両院議長に対し、「国民信頼内閣」組閣案の草稿を準備するよう委任した。「ロシアの声」放送、1998年1月9日

[25] 例えば、税法制定の先送り、チュバイス第1副首相の蔵相兼任解除、98年政府予算案の主要指標の上方修正（ただし、年間インフレ率を除く）など。*Kommersant Daily*, 22/10/97, p. 1; 6/12/1997

[26] 25名の構成：大統領、首相、第1副首相2人、下院8人（下院議長、7会派議長）、上院8人（上院議長、7地域間連合議長）、2労組議長、モスクワ市長、大統領府長官、円卓会議事務局長。円卓会議の開催や議題は「4者会談」により決められる。「4者会談」は3カ月に1度開催する。円卓会議の決議はコンセンサス方式をとり、法的効力を持たない。円卓会議の議題についての準備はその構成員と専門家から構成される作業グループが行う。また、大統領は円卓会議を補佐する意味で既存の政治諮問評議会（ルイブキン議長）を活用するよう指示している。院内会派のほかに95年の選挙で5％条項をクリアできなかった政党や政治グループの代表らも同評議会の構成員となっている。*Executive and Legislative Newsletter*, No. 45, 1997. 以上のような取り決めがなされたにもかかわらず、機能したのはこの時のみであった。

設け、政治危機を回避する（コンセンサス）メカニズムが議会活動を通じて誕生していたことである。

　2000年3月に行われた大統領選以降のプーチン人事は、異なるグループ（リベラル経済改革推進派、旧体制利権擁護派、国家統合派など）の均衡の上に組み立てられているが、総じてプラグマチックな若手テクノクラートを重用した経済改革指向の人事体制といえる。起用された大統領府・政府の主要幹部の中には、人脈的にはプーチン大統領の郷土で涵養されたサンクトペテルブルグ人脈、それにエリツィン政権末期の人脈「ファミリー」グループが登用されていることである。このいずれのグループもイデオロギー的には上記3つに分散しており、2001年9月現在、明らかに体制内で「ファミリー」人脈は衰退していく過程にある。また、主要閣僚のなかで下院議員からの任用は少なく、2001年3月28日グルィズロフ下院「統一」会派指導者が内相に任用されたぐらいで[27]、従来ほど議会対策の一環として閣僚人事のカードを切らなくなってきている。その理由の一つに、政権与党会派「統一」と連携して議会対策を講ずる会派が増え、案件にもよるが、相対的に下院表決で過半数をとりやすくなっていることによる。

4．議会専管の人事事項

　上院の管轄に属する人事権は、連邦大統領の職務からの解任、連邦憲法裁判所・連邦最高裁判所・連邦最高仲裁裁判所の裁判官の任命、連邦検事総長の任命および解任、会計検査院の副院長および検査官の半数の任命および解任などである（憲法第102条）。下院の管轄に属する人事権は、連邦首相の任命について大統領に同意を与え、連邦中央銀行総裁の任命および解任、会計検査院の院長および検査官の半数の任命および解任、人権担当全権代表の任命および解任などである（憲法第103条）。しかし、これら人事の任命の際の候補者および解任の際のイニシアチブは大統領がとることになっている（憲法第

---

[27] *Rossiiskaia gazeta*, 29/3/2001

83条)。

　上記の人事で93年ゾルキン憲法裁判所長官が解任され、それ以降長官代行はいてもしばらく長官不在のままであったが、94年度中それ以外のポストでとくに政治問題化したのは、上院の専管である検事総長の任命・解任と下院の専管である中央銀行総裁の任命・解任であった。

　94年2月26日、カザンニク検事総長は、政治的恩赦に関する下院の決定に同意できないが、恩赦を一時停止する権利、および決定の再検討を下院に要請する権利が無く、被告人が決定の内容に同意する場合、それぞれの被疑者・被告人に対する刑事事件の停止に関する決定に署名することとした。興味深いのは2月28日ルイプキン下院議長が下院評議会の会議でカザンニク検事総長の性急な行動に疑問を表明したことである[28]。その後間もなく、下院議長は大統領と会談し、口を合わせて「今後、ロシアの情勢を不安定化しようとする試みがわずかでもあれば、釈放された彼らは速やかに逮捕されるであろう」と指摘した[29]。大統領はその後カザンニク検事総長解任の大統領令を発令したが、上院は大統領令承認拒否の決定をした。しかし、4月8日カザンニク検事総長が上院で検事総長の職を正式に辞任することを表明したことから上院は辞表を受理した。後任の検事総長として大統領はイリュシェンコ検事総長代行を立てたが、4月25日上院は任命を拒否した[30]。10月18日、大統領はイリュシェンコ検事総長代行の検事総長任命を上院に再提案し、また空席の憲法裁判所判事の候補者6人の提案をした。その後、上院憲法・司法問題委員会がこの提案を検討し基本的に支持したにもかかわらず、イリュシェンコ検事総長昇格が再度否決され（賛成76票、反対74票、可決には90票必要）そして憲法裁判所裁判官6人の候補者のうち、3人が否決された[31]。

　10月11日のルーブル大暴落の責任を問い、ゲラシチェンコ中央銀行総裁の任免権をもつ下院に対し、大統領は同氏の解任を求めていたが、14日同氏が

---

[28] 『ロシア月報』、第608号、平成6年2月号、p.57
[29] 『ロシア月報』、第609号、平成6年3月号、p.37
[30] 『ロシア政策動向』、第13巻、第11号、No.210、p.27
[31] 『ロシア政策動向』、第13巻、第24号、No.223、pp.17-22

辞表を提出したため、この要求を撤回した。ルイプキン下院議長は「憲法の条項に基づき、総裁の解任は下院の管轄事項」として、同総裁の解任問題審議を進める姿勢を見せていたが[32]、15日一転して「中央銀行総裁の辞任問題は大統領が決定すべきであると指摘した[33]。18日下院評議会は19日の会議で予定されていた中央銀行総裁の解任問題を審議しないと決定した[34]。18日大統領はパラモノワ中央銀行副総裁を中央銀行総裁代行に任命し、28日パラモノワを新総裁に任命するよう下院に要請した。11月23日、下院は大統領のパラモノワ総裁就任提案を賛成107票、反対127票で否決した[35]。

　大統領は、検事総長と中央銀行総裁不在のまま、これらの候補者を代行職のまま続けさせた上で、新たな候補者を擁立し、検事総長は上院により95年10月24日に、中央銀行総裁は下院により95年11月22日任命された。

　大統領と上院との対決は中央と地方との対決であり、とくに地方の指導者は憲法上保障されている彼らの権限への大統領の直接介入には敏感である。1997年7月エリツィン大統領は沿海地方の長引くエネルギー危機に業を煮やし、ナズドラチェンコ知事を大統領令で罷免するか、または繰り上げ知事選挙にもち込むかを検討していたとき、連邦会議がこの件で緊急に招集され、大統領は憲法を遵守し中央と沿海地方間で権限をより明確にすべきだという声明を出した[36]。連邦議会は、ナズドラチェンコ沿海地方知事の同地方でのリーダーシップに関する議論はせず、大統領の連邦構成主体への直接介入に強い抵抗を示した一例である。後日（2001年2月7日）、ナズドラチェンコ知事はプーチン大統領によって自主的に辞任するよう説得され、プーチン大統領の権威を誇示した一例であり、また連邦大統領令や連邦法に違反した構成

---

[32] 『朝日新聞』、1994/10/15
[33] 『ロシア政策動向』、第13巻、第23号、No. 222、p. 27
[34] 『ロシア政策動向』、第13巻、第24号、No. 223、p. 17
[35] 『日本経済新聞』、1994/11/24
[36] *Moskovskie novosti*, No.25, 26/1-2/7/1997; *Izvestia*, 10/6/1997

主体首長の解任権を実質上行使した最初の事例となった[37]。

次の例はプーチン政権に移行してからの上院でみられた人事例であるが、上院は4月19日、プーチン新大統領が求めたスクラトフ検事総長解任の承認を圧倒的多数で可決した（賛成133、反対10、棄権6）。エリツィン前大統領が上院にスクラトフ検事総長解任の承認（大統領は検事総長を指名できるが任免権は上院にある）を求めていたが、上院は計3回否決していた。スクラトフ検事総長は、エリツィン前大統領の「ファミリー」の腐敗を調査したため、前大統領は上院に検事総長解任願いを出していたのであるが、今回のプーチン新大統領の解任願いには何の問題もなく応じた結果となった。89の連邦構成主体の政治指導者で構成されている上院は、前大統領との政治闘争に終止符を打ち、新大統領との良好な関係を期待しているとのジェスチャーとして賛成票を投じたと思われる。スクラトフ検事総長も自分の立場を議場で擁護しながらも、表決の結果敗北を素直に認めた。このように上院でも国民の圧倒的支持率を背景に大統領は上院の人事権を体制有利に導いている。

プーチン政権誕生後最初の下院専管の人事例は、カシヤノフ首相指名承認案であった。プーチン大統領が指名したカシヤノフ首相候補は、2000年5月17日、表54のごとく、ここでも圧倒的多数で承認された。民主改革派「ヤブロコ」は首相候補の経済政策が不明瞭として一部を除き棄権ないし反対したが、政権与党に近い会派だけでなく、左派系会派の多くの議員の票を得て同案は採択された。

---

[37] *Vladivostok*, 9/2/2001. 知事解任に伴い、ナズドラチェンコは大統領と取引をした模様で、同年2月ナズドラチェンコはロシア漁業国家委員会議長に任命されている。ナズドラチェンコのこれまで積み上げてきた治安機関との人脈を考えれば、両者にとって取り引きしやすい相手といえるであろう。下記拙稿参照 S. Minagawa, "Political Clientelism in Primorskii Krai in the Transitional Period", *THE SOVIET AND POST-SOVIET REVIEW*, Vol. 25, No. 2, 1998.

表54　下院表決：首相指名承認案（2000年5月17日）

	全体-人数(%)	共産党	農工議員	統一	祖国	自民党	右派勢力	ヤブロコ	人民代議員	地域	無所属
賛	325 (72%)	32%	45%	96%	89%	100%	84%	20%	98%	90%	79%
否	55 (12%)	41%	21%	…	…	…	3%	40%	…	…	5%
棄	15 (3%)	8%	10%	…	…	…	…	20%	…	…	…
欠	51 (11%)	19%	24%	4%	11%	…	13%	20%	2%	10%	16%
欠員	4 (1%)	…	…	…	…	…	…	…	…	…	…
合計	450 (100%)	100%	100%	100%	100%	100%	100%	100%	100%	100%	100%

出所：*GOSUDARSTVENNAIIA DUMA, Stenogramma zasedanii, Biulleten'*, 25(473), 2000, pp. 62-63. 表決データの集計処理は著者

結　語

　本研究は議会活動を政治システムのなかで位置付ける機能分析であり、時系列的にその機能的変化を追い、政治システムの制度化過程のパラダイム構築に寄与するために始めたものである。ここでもう一度政治プロセスの場として連邦議会が抱えている主な課題や問題点につき総括し、本研究を結ぶことにする。

１．リーダーシップ

　法治国家としての数多くの国家法をできるだけ早く制定する必要があるため、エリツィン大統領にしても、またプーチン大統領にしても政権寄り諸政党が大勢を占める一種の翼賛議会を確立し、安定した統治体制を築こうとするのは、執行権が集中している大統領にとって当然の議会戦略であると思われる。ところが、新生ロシアの基盤固めに不可欠な経済再建が思うようにならず、第１期には民族主義保守勢力を、そして第２期には左派系勢力を大きく台頭させたため、体制側の政治路線に沿った立法化の進捗度は緩慢であった。事実、エリツィン期の政治改革を概観して、法の未整備もさることながら、行政機構を監督する議会制度が十分に機能していなかった（法の整備を妨げていたのも議会であるというここでも民主制のパラドックス現象）という印象をもったであろう。第３期は当初与野党が拮抗していたが、新大統領のリーダーシップのもとで、議会内勢力図が政権与党寄りとなり、与党の政治綱領に基づき法典化作業が進められている。

　「上院は何の役に立つであろうか。それがもし下院と一致すれば無用であり、一致しなければ有害である」(Emmanuel Joseph Sieyes, 1748-1836) の警句の通

り、上院の位置付けは上院をみる立場により異なる。上院議長ならば、この警句に留意し、下院と活動を連携しながらも、下院の行き過ぎについて、有効・適切に牽制できる機構にすること、加えてロシア連邦の場合、連邦国家統合維持機構になることを心掛けるであろう。上院の場合、第1期では上院議員全員が直接選出されたが、第2期には89の構成主体それぞれの行政の長と議会の長が上院の構成員となり地方からの間接的な代表制になっていた。そのため上院議長には、上院こそ中央と地方間または地方間同士の利害関係の調整の場であり、政治資源の取り引きをする場であり、連邦制の情報伝達の中間にいる中枢機関であり、いわば連邦制維持の番人であるという意識があった。ただ、現実問題として、彼らの相対的な行動が、とくにエリツィン体制期には、中央へ圧力をかけ地域への権限分与（経済行政面でのさらなる分権化）に力を入れていたことであった。下院に対しても、この経済合理主義的（いいかえればプラグマチック）な視点からより多くの立法権を、とくに政府予算法案について、主張していく傾向がみえた。法案審議などの場合、二院制を採っているロシア連邦議会では、下院に先議権が保障されている。ただ、法案審議は下院で始められるとしても、既述したように下院での採択決議の拒否権を上院が行使できることになっている（憲法第105条）。上院の自己主張はこの拒否権行使だけにとどまらず、先議権のある下院での法案起草のイニシアチブを上院議員が徐々にとりはじめていることである。

　体制側にとっては、勿論連邦構成主体それぞれの市民に上院活動状況を知らせ学習してもらい、体制との一体感を増幅させ、それが結果として国家統合につながるというねらいがあるように思える。また、上院は連邦政府の公共政策遂行のため世論をその方向に導き、政策を正当化する場ととらえられることも意識している。とくに、第1期のシュメイコ上院議長は体制側の意向に沿って行動していたようにみえる。上院議員らは、上院が地域選挙民に何を行政府に要求し、そして後者が、何ができるかを地方選挙民に伝えるコミュニケーションの場となることを期待していた。事実、上院が地方間のネットワーク（人脈形成も含む）を強化できる重要な場にもなりつつあった。上院再編成後（2002年1月以降）、プーチン大統領は専任議員によって上院がより

結　語

実務的な政治プロセス（現在の上院議員らは時間に制約されて委員会活動などに期待できない）を定着させる媒体となることを期待していると思われる。しかし、これはあくまでも仮定的な期待である。現実は、上院議員全員が構成主体行政府および立法府の長でないので、上院はこれまでと違い権威的にはより低い政治の「場」となるので、2000年新設された構成主体首長からなる国家評議会の方が政治的重みがあるといえる。ただ、後者は諮問機関であり、構成主体は連邦レベルの立法過程では彼らの代表を通してのみ間接的に影響力を行使できる仕組みになっている。

　元上院議長シュメイコ、そして前上院議長ストロエフは、共に行政経験豊かな地方政治家であった。とくに96年1月からのストロエフ上院議長の行動は、下院の行動を（問題を表面化せず）牽制し政府と下院の直接対決を回避させ、紛争中和機能を定着させようとしていた。更に、上院議長は、上院内の利害関係の調整役を演じていたのである。第2期の上院議員である知事らの中には革新系の知事も多かったが、革新系の知事を選出している地方ほど中央財政への依存度が高く、上院議員の行動原理が表決事例でもわかる通り必ずしも中央対地方という原理で動かず、一様でないことがわかった。地方といっても市場化や民営化が組みしやすい地方もあれば、軍産複合体企業が集中していて民営化に関心を示さない地方もある、また生産業にしても農産業さえ育たない最貧地方も存在する。そして、州・地方と共和国の間では同じ連邦構成単位でも権限分与の点で、むろん協定の内容にもよるが、歴然たる差があるものもある。それに、同じ地方からの上院議員でも議会代表と執行機関代表とでは彼らの利害関係は異なるであろう。本研究での表決事例でも、第1期の事例では制度上このような観察はできなかったが、第2期の表決事例ではこれが実証されている。

　下院議長はこれまで全3期とも野党である左派系勢力から輩出されているが、意外にも彼らは大統領に協調的姿勢で議長役を務めてきた。その理由に、首相や大統領との個人的な信頼関係、議長の政治資源の貧しさ、調整役としての認識などがあったからと考えられる。第1期のルイプキン議長は農業党議員であったが、事例研究でもわかるように同党会派からも苦言がでるほど

体制側に協調的であった。議長解任後は権力中枢機関である安全保障評議会書記を務めるなどエリツィン大統領にすっかり取り込まれてしまった。第2期でのセレズニョフ下院議長は、共産党輩出の議長として、議会の「場」を有効活用し、チェルノムイルジン内閣とプリマコフ内閣とは個人的な信頼関係を築き、また彼独特の「妥協への闘争」スタイルをとり、政府指令型政策指向の連立内閣を組ませるなど、かなりの譲歩をこれまで引き出してきた。共産党が下院で主導権を失った第3期のセレズニョフ下院議長は、穏健な左派支持層の取り込みを目指し、彼自身が共産党の刷新に着手し、彼の政治スタンスも、これまでの体制側との幾多の妥協の産物も影響してか、より政権与党会派「統一」に近づいている。

　連邦議会議長の政治資源は、新憲法採択までのロシア最高会議議長ハズブラートフの政治資源と比べると問題にならないくらい小さい。後者の場合、議事運営の最高責任者として、議題を自由に決めることができ、最高会議所管の諸機関の人事権や予算を握り、その権利を利用して自己の人脈を形成するなど、豊かな政治資源をもっていた。前者にはこのような資源はなく、できることといえば政府や大統領府にお願いして下院落選議員の就職口を国家および公営機関に斡旋することぐらいであり[1]、そして最高の斡旋は現職の議員を政府の大臣職に就かせることである。

　これまでのほとんどの連邦議会議長らがとってきた印象的な行動は、議会運営を円滑にするため、時折起こる政局混乱を収束させることを最優先としてきたことである（これは大統領にもいえることであるが）。93年10月騒乱の教訓を生かし、危機的な政治状況に至ったとき、既述したように、議会のプロセスを通じて、彼らの伝統的な共同体意識が多少議会の枠からはみ出た4者会談や円卓会議のようなメカニズムを生み出しコンセンサスの成立に努力してきた。また、98年8月キリエンコ内閣が大統領令により更迭され、後継首相指名で下院が混乱に陥っていたとき、大統領権限の一部を首相や議会に移譲することを盛り込んだ3者委員会（当時チェルノムイルジン首相代行と上下両院議

---

[1] Moshe Haspel, "Should Party in Parliament be Weak or Strong?" in John Loewenhardt (ed.), *PARTY POLITICS IN POST-COMMUNIST RUSSIA*, Frank Cass, 1998, p. 184

長)の政治協定案に合意したことなどがあった。このように、議会議長のリーダーシップのもとで、諸々の会派に属する政治アクターらは議会のプロセスを通して諸問題について討議し、意見調整し、時には政治取り引きをしてきている。これまでの議会内のリーダーシップを一言で総括すれば、民意を代表する機関の長として、連邦議会議長らは議会制尊重の実践を作り出す努力をしてきたといえる。

2．下院での政党政治の意味付け

　選挙という民主的手続きを通して、政治エリート層の交代があり、下院内の政治勢力図が変わるが、その変化は院内会派構成に現れる。下院の組織運営は会派構成を基準にして行われているので、その構成が下院活動全てに影響していることを事例研究が示している。院内会派の多くは政党に支えられて会派を構成しているが、必ずしも政党政治が実質上主流になっているわけではない。それどころか政党政治の限界がみえてきているような印象さえ与えている。それは次のような条件や制約が課せられているからであろう。
1．現行憲法のもとでは、既述したことであるが、下院選挙で多数を制した政党が内閣を組織する議院内閣制を採っていない。つまり、憲法上大統領に執行権が集中している限り、そして大統領選で大統領が交代しない限り、下院選挙結果が直接政権交代につながることはあり得ない。下院選に政権交代というベクトルが存在しないということは、それを期待して立候補する議員はいないということである。
2．議院内閣制を採っている西欧諸国では党内で政策として採択された課題は、議員立法又は政府提出案という形で議会に提出される。どの形態を採るにせよ、政党が政策立案・提出の仕掛け人である。政府提出案なり大統領案なり現在のロシア連邦の立法過程で政党が政策立案・作成・提出の仕掛け人となっている事例はみられるようになってきているが制度的にまだ確立していない。各期に政権与党会派なるものが存在した(第1期：ロシアの選択、第2期：我が家ロシア、第3期：統一)が、名称だけでな

く、組織、リーダーシップ、また政策さえも、そこには継続性がなかった。あたかも選挙のために組織化された政党という印象を与え、選挙が終わればお役ご免になっていたという印象さえ与えている。第2期の「我が家ロシア」会派幹部からも、政府の意思決定に政党として何のインプットもできないということと、閣僚人事で必ずしも政権与党会派から任用されるという保障はないということなどが不満の種になっていた。

3. 政党政治が議会で機能していないのは、議会政治の未熟さに依るところもあるが、野党会派の場合、有利な政治資源をもつ政権側に骨抜きにされている点もある。エリツィン政権期には、とくに閣僚人事の事例で明らかなように、政権側は人事を餌に野党会派にできる限り揺さぶりをかけてきた。

4. 全国的な規模で組織力のある政党（左派系勢力、とくにロシア連邦共産党を除く）の不在、院内活動での党規律の弱さ、つまり本来の政党政治の動きはそこにはみられない[2]。本書でも会派規律が欠如した投票行動パ

---

[2] 第1期には次のような現象がみられた。ロシア民主的選択党は「ロシアの選択」会派結成以来、10人が同会派を離れていた。多くの同会派議員らは「政府批判をすると同時に大統領を支持する」という同派の基本方針に矛盾を感じていた。大統領を支持し続ければ、次回の選挙で大打撃を被る可能性がある一方で、閣僚経験者がいる同派は閣僚ポストを離れると求心力が衰え、政党としての指導性も無くなることを知り尽くしていたことである。
　ロシア民主党のトラフキン議長（ロシア下院議員、当時無任所相）は同党の94年10月の総会で、同党における彼の権限を12月17日に予定されている同党の議長選まで一時停止させられた。停止期間中、トラフキン議長は、議会での政府不信任案問題の提起そのものを批判するなどして政府寄りの姿勢を示したため、党議長としての彼の存在が問われていた（『ロシア政策動向』、第13巻、第24号、No. 223, p. 17, 23）。
　ロシア統一合意党のシャフライ党首（当時副首相）は、党の方針に反して政府への不信任案に賛成投票した同党所属のザトゥリンおよびスタンケーヴィッチ両議員の下院会派からの除名およびザトゥリン下院CIS問題委員会議長の解任提案をした（*Moskovskie novosti*, 25/11-1/12/1994）。この提案の背景には、この両議員が党の自分のリーダーシップを脅かしたことによるものと思われる。とくに、ザトゥリンは党幹事を務め、シャフライ党首が党務を疎かにしている間、議会対策でザトゥリンが指導力を発揮し同会派議員に指示を出すまでに強力なものとなってきたことによる。一見、一枚岩に見えるロシア農業党やロシア連邦共産党もこの当時似たような内紛があった。

ターンであることをいくつか例証したが、キリエンコ元首相承認の時の下院での投票行動[3]をみてみると、非公開投票[4]でも会派規律が遵守されていないのがわかる。現時点では会派規律は個々の議員の良心に依存するところが多く、会期中、会派間の「共闘」「協調」「共同歩調」などのスローガンは、その多くが実態をともなわない心理的なものなのかもしれない[5]。制度化過程の議会では致し方ない現象なのかもしれないが、とくに小選挙区で無所属で選出された議員らはその時々の政治状況に応じて会派を渡り歩く傾向があること、また院内会派構成に必要定員数（35名）に達するために、会派間で貸し借りが行われていることである[6]。プーチン政権になってから、院内会派（とくに比例代表区で5％条項をクリアした政党をもとに構成された会派）は、表決で党議拘束をかけ、それに背いた議員がいた場合、当該議員を会派から除名する例が増えている[7]。したがって、体制の安定とともに、この点については若干変化がみられる。

5．第1期には下院比例代表区で最高得票率を記録したロシア自民党、そして民主的原則に妥協せず、これまで議会主義に忠実に厳しい態度で活動してきた「ヤブロコ」グループなどは、第3期の委員会構成で彼らの存在が目を覆うばかりの凋落ぶりを示している。それに対し、小選挙区の無所属当選議員らで構成する「人民代議員グループ」会派は上記政党

---

[3] キリエンコ首相候補の98年4月の下院での表決。第1回（無記名）賛成143、反対186、棄権5；第2回（記名）賛成115、反対271、棄権11；第3回（無記名）賛成251、反対25。選挙時の *Rossiiskaia gazeta* 参照。

[4] キリエンコ首相候補の下院での3回目の投票では、無記名投票方式が採用されたため、解散をおそれた一部議員（69名の共産党議員が含まれていると考えられる）が賛成に回った。*Sevodnia*, 25/4/1998

[5] *Moskovskie novosti*, 28/10-3/11/1994

[6] 第1期の下院国際問題委員会副議長であったO.T.ボゴモロフ（元ロシア民主党下院議員）とのインタビューでの同氏の発言。同氏は97年10月1日から98年3月31日までスラブ研究センターの外国人研究員。

[7] 例えば、「祖国・全ロシア」会派所属のA.I.アレクサンドロフ議員は2001年の政府予算案第1読会で否決の党議拘束がかかっていたにもかかわらず、同議員のみがそれに背いたため、ただちに会派を除名させられた。*Sovetskaia Rossiia*, 10/11/2000

会派より数値上強い立場に立っている。にわか作りのこれら会派には規律など無いに等しく、会派議員らは比較的自由に表決行動ができ、しかも、制度上、これら会派にも同等の権利義務が保障されている。
6．下院評議会や常任委員会の決議の多くがコンセンサス方式を採るため、党や会派規律を厳しく遵守する環境が整備されていない。

以上のように課題や問題点が多すぎて政党政治の展望が悲観的にならざるをえないが、要は移行期の議会の位置付けをどこに置くかであり、議会のシステム機能、すなわち政策の実効性と安定性にいくばくかの貢献をしているのは事実であり、それなりに議会主義が為政者を問わず国民一般から尊重されていれば、制度化が進展していると判断できるであろう。事実、連邦議会の組織機構、例えば運営規定、支援スタッフ、運営経費、議員の特権、彼らの専門知識、常任委員会の運営など十分ではないにしても、着実に整備されつつある。また、立法活動を概観して、多くの法律がまだ未整備であるが、法典化作業が進んでないとは決していい切れない。刑法典、税法典（1部、2部）、また市場経済の法的基礎である民法典[8]や株式会社法など評価に耐えうる法律が制定されてきている。また、社会主義的な共同体意識から抜けきれず、長い間改革への重要法典が未制定のままであったが、やっと新生ロシアに見合った土地法典や労働法典が制定され、法治国家体制になりつつある。法治国家体制への移行には法典化は必要なプロセスであり、法典化が進めば進むほど大統領令の発令が、少なくとも法典化した分野では制限される。93年12月発布のロシア連邦憲法は現代ロシア政治の準則を確立し、変化する社会経済環境や政治文化と歩調を合わせながら、ロシアに議会主義が誕生しようとしている。プーチン政権になってからとくに、立法過程に拍車がかかっているのは、いうまでもなく国民の圧倒的な支持を得て誕生した大統領のリーダーシップである。制度化過程における大統領のリーダーシップの是非が、これほど明確に出たのも、国民の直接選挙で選出される大統領制にある

---

[8] ロシア民法典は、民法と商法を一つの法典にまとめたものであり、市場経済の法的基盤を敷くであろうと期待されている。

と思われる。これは社会経済環境と相関関係にある国民の大統領への支持率が高い場合のことで、それがあって初めて大統領自身の政治基盤も強化できるということである。エリツィン前大統領のように国民の支持率が低かった場合、政治生命延命のために政治諸勢力に譲歩し続け、執行権のある大統領制それ自体が改革へのリーダーシップどころかブレーキとなった。

たしかに、最近の下院内の政治勢力図や上院内の政治動向をみると、翼賛議会化している傾向は否めず、しかも、政権与党化した会派などは重要法案にことごとく党議拘束をかけている。会派規律が厳しすぎると議会活動が硬直化するので、党拘束の垣根を越えて表決行動するのも議会主義を活性化させる一つの策であると思われるが、いきすぎると衆愚政治になる危険もある。制度化過程の議会の有効性はやはり、法治国家としての整備に関連して分析する必要があるであろう。

2001年6月に新政党法が採択されて以降、新選挙法が成立し、それにより議会選挙への参加が政党に限定されるようになった[9]。したがって、現在、政治社会組織であったロシア自民党や「右派勢力同盟」、それに「ヤブロコ」などが政党化したり、政権与党「統一」に「祖国・全ロシア」が吸収合併されたり政治政党の再編がおこなわれている。また、無所属議員で構成されていた院内会派「人民代議員グループ」がそれを母体にロシア人民党を結成したりしている。次期下院選（2003年12月予定）では全国規模の政党政治が展開される模様で、その後の議会の立法過程は今までとは異なる院内会派の動きがみられるであろう。つまり、上下両院とも、2002年度から第2段階の制度化のプロセスに入っていったといえる。

これまでの制度化への道程は決して平坦ではなかった。大統領や連邦議会のリーダーシップの問題だけでなく、民主制を維持する政治機構の形成プロセスにおいて、経済改革政策の成否（勿論、そのプロセスで国際政治経済環境も無視できない）が未完の政治機構の運営に影響を及ぼし、そこからまた、修正された経済政策が生まれ、そのダイナミックなプロセスを経て政治システム

---

[9]「ラジオロシア」放送、2001年12月14日、『ロシア月報』、第702号、平成13年12月号、p.43

は制度化されているともいえる。つまるところ、移行期の議会の存在意義は社会の安定をはかりながら実効性のある変革を行政府に示唆していくことであろうと思われるが、これはある意味では政治文化に関係してくる問題でもある。

3．政治文化

　国民共通の理解、意識、認識に議会主義がなければ、議会はまともに機能しないし、議会主義は育たない。つまり、それを支える政治文化が先行条件となっている。しかし、移行期の国民にその条件を充足させることは不可能に近い。

　社会科学的にいう「文化」とはそもそも社会的伝達、習慣、規範の諸条件が体系化したものであり、ロシアでの市場経済化や民主化は伝統的な政治文化から近代的な政治文化への移行を含んでいる。この移行プロセスは複雑であり緩慢である。国民一般の意識変化を前提としているので、通常一本調子で早急にすべての移行プロセスが完了することはまずありえない。

　旧権威主義体制から自由民主的・法治国家への移行がこれまで直線的に進行しないことがロシア国民に理解された段階でエリツィン期が終わり、後継者プーチン大統領は自らの政治理念を展開しているようにみえる。

　プーチン大統領が崇拝しているピョートル大帝（1682-1725）は、1700年絶対主義化と西欧化改革を同時進行させ、それ以降のロシア近代史にはスラブ主義と西欧主義が同居している。スラブ主義は正教キリスト教、農民共同体、権威主義的な国家の伝統などが思想の骨子となっており、西欧主義は西欧技術文明、経済合理主義、啓蒙主義、人道主義が軸になっている。これら2つの思想潮流が流れていたロシアであるが、70年間の権威主義的な共産主義体制という変則的な時期を経て、市場経済と民主主義という普遍的原則の導入を、ロシアの現実と有機的に結合させようというのがプーチン大統領の政治理念である。そこではロシアの歴史と伝統を核に国家統合を図りその威信を回復し、漸進的に改革を進め、また外交政策理念としては環境保全や核兵器

結　語

廃絶など全人類的価値観とロシアの伝統的価値観を融合させるとしている。

　したがって、プーチン大統領は伝統的な政治文化（社会規範重視、有機的な共同社会的価値観）から近代的な政治文化（法規範重視、合理的な結社的価値観）への直線的な移行を考えているのではなく、長期的なジグザグな移行過程を想定し、そのプロセスでは精神的な根拠をロシア文化に置き、普遍的価値観を内面化・土着化していくことを意図しているのではないかと思われる。ロシア経済は98年の通貨危機以降、原油高とルーブル下落効果による一時的な回復基調にある。下院は2001年度予算法を早々と2000年内に成立させ、しかも早期の財政再建を目指す政府の意向を反映し、均衡予算を成立させた。さらに、2002年度予算法では黒字予算を成立させている。これが恒常的な回復、つまり経済発展の「ロシアン・ミラクル」につながるかどうかは定かでないが、諸々の構造改革（議会主義の制度化も含めて）への追い風となれば幸いである。

　新連邦議会の活動を概観し、検証するのに十分な時間的経過と資料が備わっていないこと、また事例研究の質と量に不満が残ることを認識した上で、制度化の特徴について次のような暫定的結論が引き出せるかと思われる。

　まず、連邦議会上下両院の議会制についていえることは、法制上議員の権利義務が保障され、民主的議事運営のもとで、制度上の機能、すなわち立法および監督活動を通じて、議会が為政者の利益表出や利益集約の「場」となっており、そして政治統合の「場」となって、これら政治システム機能を部分的であるが果たしていることを垣間見ることができた。これら機能を果たすのに耐えうる機構（「しくみ」）が整備されつつあり、為政者（アクター）はこの「しくみ」の効用と限界を学習し、政治システムでの議会の位置付けに新たな展望をもとうとしている。

　制度化過程には、不確定要因はつきものだが、それらが相互作用するため、新制度の制度化と旧制度の非制度化のプロセスの度合いに変化が起こり、政権交代と同時に、それら変化にあわせて政治改革路線の修正が考えられる。プーチン政権は新たな政治環境を作り、それに見合う有機的な政治システム

を構築し、ロシア連邦議会が、その変革プロセスの一環のなかで、政治システム構築活動に参画し、自己の「場」を見いだそうと努めている。したがって、その結果予期されている価値体系の変化とともに、その制度化プロセスに変化をみることになる。政治の有効性と制度との関係は、議会制が生み出す価値体系の政治システムへのフィードバックが安定した発展へと寄与しているかどうかで、評価が分かれるであろう。

　　　　　　あ と が き

　制度化の検証研究には、やはり十分な時間経過が必要である。エリツィン時代はすでに歴史上のひとコマになったが、プーチン政権はまだ誕生したばかりである。たしかに、プーチン政権が誕生して以来、政治が安定し、議会制の制度化も、その内容には問題があるにしても、順風満帆の船出にみえるが、少なくとも10年単位で制度化過程を比較検討する必要がある。つぎに、資料入手の問題があった。例えば、95年以降、理由は不確かだが、上院議事録の発行部数が500部に留まり、ロシア本土から海外の研究者に発送する部数がほとんどなかったことである。そのため、著者はモスクワの議会図書館に赴き、人脈を通じて、その一部を閲覧することができた。また、上下両議員の履歴が、旧ソ連時代の最高会議代議員の議員録と異なり、非公開になっている部分が多く、これについてはモスクワにあるロシア議会主義発展基金 (FOND RAZVITIIA PARLAMENTARIZMA V ROSSII) 図書館などで情報収集をした。モスクワのシンクタンク INDEM が CD-ROM 化した表決行動記録を一時期発売していたと聞くが、実際には入手できなかった。
　最近は、ロシア国内でも欧米型社会科学的手法でデータ処理する政治学者が出てきており、例えば、カーネギー財団モスクワ研究所研究員らは米国で最新の社会科学的分析手法を学び、情報源にいる地の利と母国語を生かして内容の濃い研究を行っている。
　他面、情報のグローバル化はロシアでも計り知れない影響を与えていると推測できる。研究者にとって、上述したようにロシア議会側の情報未整備の問題もあるが、情報メディアの発達により、議会議員間および議会関係者間の情報交換、議事日程や議決などの情報処理、議会活動の新聞報道、海外、とくに欧州議会との情報交換や人的交流など、いとも簡単に迅速に行われ、そのため議事運営に関する学習能力も早く、先進国のどの議会と比べても、こと議事運営に関する限り決して見劣りしないレベルに近づいている。また、

ロシアの一般市民が、大都会に限らず、辺境の地でさえも、非常に冷めた目で政治をみるようになっており、それだけに選挙では、特定の政党に偏らず（これまでの共産党支持者でさえも）浮動票が多くなり、候補者に選挙民の厳しい裁定が下されるようになっている。2001年6月制定された政党法が期待されているように運用されれば、次回の下院総選挙（2003年12月）でかなりの政党が整理され、より政治綱領の差が明らかな政党別院内会派の構成がみられると同時に、上院では専任上院議員の誕生で、議員の行動様式に変化がみられ、議会の制度化過程の新たな研究対象となるであろう。また、前述した政党政治再編の結果、本書の初校中、左派会派（ロシア共産党と農工代議員グループ）が占めていた7つの委員会議長職が中道会派に明け渡された。次回の下院総選挙を待たず、このような現政権有利な院内会派勢力図ができあがりつつあり、今後の議会制発展に少なからず影響を及ぼすであろう。

索　引

ABM 制限条約 …………………… 146
TMD …………………………… 146

ア
アブドゥラチポフ ………………… 68
安全保障評議会 ……… 19, 27, 68, 88, 145

イ
イリューシン ……………………… 67, 168
イリュシェンコ …………………… 171
院内規定 …………………………… 91

ウ
ヴィクトロフ ……………………… 68
ウラソフ …………………………… 86

エ
エリツィン …… 21-23, 25, 27, 52, 68, 70,
　　119, 122, 123, 131, 133, 137, 140, 142,
　　143, 144, 147, 150, 157, 158, 159, 160,
　　161, 165, 166, 168, 169, 170, 172, 173,
　　187
円卓会議 ………………… 122, 150, 169

オ
恩赦 …………………………… 120, 171
オンブズマン ……………………… 124

カ
ガイダル ………………… 21, 23, 166
下院評議会 …… 43, 76, 88, 90, 92, 107, 152,
　　153, 171, 172
核不拡散条約 …………………… 147
閣僚会議 ………………………… 19, 34
カシヤノフ …………… 26, 151, 153, 173

キ
議員活動運営費 ………………… 45
議院内閣制 …………… 31, 33, 50, 124
議会主義発展基金 …………… 45, 187
議会聴聞会 …………………… 44, 134
議会図書館 ……………… 2, 45, 187
行政管区 ……………………… 26
行政命令系統 ………………… 20
キリエンコ ……………………… 169

ク
クーデター未遂事件 ……………… 120
グレゴリャド ……………………… 71

ケ
刑事訴訟法典 …………………… 129
ゲラシチェンコ ……………… 166, 171
権威主義体制 ………………… 17, 18, 22
兼職禁止規定 ………………… 33, 168
権力機構 ……………………… 24

コ
行動規範 ……………………… 17, 123
国際条約 ……………… 35, 43, 129, 142
ココフ ………………………… 71
コスチコフ …………… 123, 124, 129
国家評議会 …………… 27, 70, 151
国家ミサイル防衛 ……………… 146
コルジャコフ …………………… 67
コロリョフ …………………… 71, 123
コンセンサス …… 121, 122, 150, 169, 170

サ
ザヴェリューハ ………………… 165
サタロフ ………… 41, 123, 138, 142
サプチャク ……………………… 70, 71

189

シ

支援体制 …………………………… 45
市民社会 ………………… 2, 18, 19, 24, 29
諮問機関 …………………………… 27
社会的合意 …… 41, 119-122, 133, 157, 158
シャフライ ………………… 41, 120, 166
従属変数 …………………………… 17
シュメイコ ………… 67, 68, 137, 157, 166
上院評議会 ………………… 67, 76, 77
ショーヒン ………………………… 166, 167
女性議員 ……………………… 48, 57, 58
ジリノフスキー ………………… 52, 86, 88
新外交概念 ……………………………… 145
新興財閥 ……………………………… 22, 66
人民代議員大会 … 20, 21, 47, 48, 51, 68, 87

ス

垂直的統治機構 ……………………… 28
スクラトフ ……………………… 26, 173
スタンケヴィッチ …………………… 86
ストロエフ ……………………… 69-71, 77
ズボフ ………………………………… 71
スラブ・ユーラシアの変動 ……… 2, 130
スリヴァ ……………………………… 124

セ

政経改革連携発展論 ………………… 30
政治改革 …………………………… 19
政治文化 ………………… 1, 2, 16, 17, 29
政党法 ………………… 2, 26, 28, 66, 188
制度化過程 ……………… 2, 15-18, 187, 188
政府全権代表 ………………………… 125
政府不信任 …… 23, 32, 33, 134, 157-159, 166, 167, 169
ゼームスキ・ソボール ……………… 1
セベンツォフ ………………………… 125
セレズニョフ …… 25, 88, 89, 92, 150-152
選挙法 ………… 39, 54, 137, 138, 139, 142
戦略兵器削減条約 ……… 26, 93, 144-146

ソ

ソスコヴェツ ……………… 67, 165, 166
ゾルキン ……………………………… 171

タ

第19回党協議会 ……………………… 20
大統領全権代表 …… 20, 25, 27, 28, 69, 88, 123, 124, 129
大統領府 …… 20, 40, 45, 52, 120, 121, 123, 124, 130, 131, 138, 167, 168, 169, 170
ダヴィドフ …………………………… 167

チ

チェチェン …… 39, 40, 54, 88, 108, 145, 160, 161, 169
チェルノムイルジン …… 23, 67, 88, 124, 133, 134, 159, 166, 168
地方行政長官 ………………… 23, 47, 67
中央選挙委員会 …………………… 45
中道勢力 ………………… 26, 107, 154
チュバイス ……………………… 165-169
調整評議会 ……………………… 92, 93

ト

党議拘束 ……………… 93, 140, 154, 161
統治機構 ………………… 20, 25, 28
ドゥビニン …………………………… 167
独立変数 …………………………… 17
土地法案 …………………………… 26
トラフキン ……………………… 41, 86

ナ

ナザルチュク ………………………… 167
ナズドラチェンコ ……………… 172, 173

ネ

年頭教書 ……… 42, 119, 120, 122, 150, 151

ハ

バウエル ……………………………… 86

索引

抜本改組……………………………… 25
パラモノワ…………………………… 172
バランサー……………………… 55, 142
ハリトノフ…………………… 151, 161
パンスコフ…………………………… 167
パンフィーロワ……………………… 166

ヒ

非常大権……………………………… 34
ピョートル一世……………………… 1

フ

ファミリー……………………… 23, 170
フィラトフ……………… 40, 121, 123
プーチン …… 19, 24-28, 35, 49, 71, 124,
  125, 131, 133, 145, 146, 147, 150, 152,
  150, 159, 170, 172, 173, 187
フョードロフ…………………… 70, 166
ブレジネフ……………………… 18, 34
文化財返還拒否法案………………… 143

ヘ

ペレストロイカ…… 1, 19, 24, 50, 65, 133,
  143

ホ

包括的核実験禁止条約……………… 147
法治国家………… 1, 2, 18, 22, 29, 119, 129
ポリシャコフ………………………… 168

ミ

ミチューコフ………………………… 86
ミロノフ……………………………… 71
民族問題… 19, 20, 34, 88, 89, 107, 124, 166
民法典………………………………… 35

ム

無所属議員 …… 50, 51, 66, 92, 104, 106,
  144, 159, 161

メ

メドヴェーデフ……………………… 67

ヤ

ヤコブレフ……………………… 123, 138
ヤロフ………………………………… 165

ユ

ユーゴスラビア空爆………………… 145
優先課題………………… 24, 133, 150

ヨ

翼賛議会……………………………… 22
予算法案………………… 33, 131-136

リ

リハチョフ……………………… 70, 71
リフシツ……………………………… 167
略奪資本主義国家…………………… 23
両院合同会議…………………… 42, 120

ル

ルイプキン …… 86, 87, 88, 120, 121, 157,
  158, 168, 169, 171
ルキン…………………………… 88, 93

レ

連合 …… 26, 51, 68, 71, 92, 65, 67, 151, 152,
  154, 169
連邦評議会…………………………… 19

ロ

労働法典………………… 121, 129, 133
ロギノフ……………………………… 123
ロッセリ……………………………… 70
ロビイスト…………………………… 123
ロマノフ皇帝…………………… 1, 67

191

著者略歴

皆 川 修 吾（みながわ　しゅうご）

1939年生。愛知淑徳大学文化創造学部教授。
北海道大学名誉教授。政治学博士。

専攻：比較政治学
主著： *SUPREME SOVIET ORGANS*（1985年、名古屋大学出版）など

ロシア連邦議会
――制度化の検証：1994－2001――

平成14年8月1日　発行

著　者　皆　川　修　吾
発行所　株式会社　溪水社
　　　　広島市中区小町1－4（〒730-0041）
　　　　電話（082）246－7909
　　　　FAX（082）246－7876
　　　　E-mail:info@keisui.co.jp

ISBN4－87440－702－1　　C3031